Sabine Megharia / Aminah Salaho /
Suhila Thabti / Sara Zorlu (Hg.)

HERAUS AUS
DEM SCHATTEN

MUSLIMINNEN ERZÄHLEN,
WIE SIE WIRKLICH LEBEN

Patmos Verlag

VERLAGSGRUPPE PATMOS

PATMOS
ESCHBACH
GRÜNEWALD
THORBECKE
SCHWABEN
VER SACRUM

Die Verlagsgruppe
mit Sinn für das Leben

Die Verlagsgruppe Patmos ist sich ihrer Verantwortung gegenüber
unserer Umwelt bewusst. Wir folgen dem Prinzip der Nachhaltigkeit und
streben den Einklang von wirtschaftlicher Entwicklung, sozialer
Sicherheit und Erhaltung unserer natürlichen Lebensgrundlagen an.
Näheres zur Nachhaltigkeitsstrategie der Verlagsgruppe Patmos auf
unserer Website www.verlagsgruppe-patmos.de/nachhaltig-gut-leben

Umschlaggestaltung: Finken & Bumiller, Stuttgart
Gestaltung und Satz: Schwabenverlag AG, Ostfildern
Fotos: Wenn nicht anders ausgewiesen, alle Fotos privat.
Druck: Finidr s.r.o., Český Těšín
Hergestellt in Tschechien
ISBN 978-3-8436-1432-0

INHALT

Kapitel 3: Gibt es in deinem Leben einen Wendepunkt?

Kapitel 4: Perspektivwechsel – Was würdest du deinem jüngeren Ich mitgeben?

VORWORT

Während ich diese Worte verfasse, befinde ich mich im Zug von Braunschweig nach Freiburg. Zum ersten Mal habe ich dort bei einem Festival Aminah Salaho und Sara Zorlu getroffen. Seit dem Frühjahr 2021 bilden wir gemeinsam mit Sabine Megharia das „Mondgeflüster-Team", doch bisher fand der Austausch lediglich auf digitalem Wege statt.

Angefangen hat alles im Frühjahr 2021, kurz vor Ramadan.

Wie jedes Jahr machte ich mir einige Wochen vor dem besonderen Monat Gedanken, wie wir diese Zeit zu Hause gestalten wollen. Kurz zuvor waren wir in ein kleines Dorf gezogen und hatten somit noch keine Anbindung an eine muslimische Gemeinde. Meine jugendlichen Töchter sind nun in einem Alter, in dem auch die Meinung von außenstehenden Menschen viel zählt. Da wir jedoch wenig muslimische Frauen in unserem Umfeld haben, mit denen sie sich identifizieren können oder mit denen gar ein Gedankenaustausch stattfindet, war es mir ein Anliegen, ihnen genau so etwas bieten zu können.

Das war die Initialzündung für den Mondgeflüster-Ramadan-Kalender auf Instagram.

Ein weiterer Antrieb für dieses Projekt war ein Geburtstagsgeschenk meiner neuen Nachbarin. Sie überreichte es mir mit den Worten: „Ich kenne dich zwar noch nicht lange, aber irgendwie, finde ich, passt das zu dir." Es handelte sich um einen Tischkalender mit dem Titel: „Frauen, die die Welt veränderten". Ich freute mich sehr und fühlte mich geehrt. Ziemlich schnell merkte ich jedoch, dass mir da etwas fehlte. Zwischen all den starken, mutigen und klugen Frauen fehlte mir eine erkennbare Muslimin, die es natürlich gibt, aber dort nicht vertreten war.

Vorbilder sind unglaublich wichtig und je mehr Gemeinsamkeiten wir mit einem Menschen haben, desto mehr können wir uns mit ihm identifizieren.

Was es noch nicht gibt, wird geschaffen. Das war schon immer meine Devise und ist auch die von vielen der Frauen, die dieses Buch mitgestaltet haben. Was uns wichtig ist, dürfen wir selbst in die Hand nehmen.

Kurze Zeit später stand ich nicht mehr allein da, sondern es bildete sich ein sich wunderbar ergänzendes Viererteam.

Und so kam es, dass einige Wochen darauf dreißig muslimische Frauen auf Instagram jeweils einen Ramadan-Tag durch ihre Videobotschaften bereicherten.

Viele positive Rückmeldungen sowohl von Muslim*innen als auch von Nichtmuslim*innen bestärkten uns, den Kalender im Folgejahr fortzuführen. Dieses Mal waren auch fünfzehn Männer mit dabei.

Hiermit danke ich auch Anja Hager aus dem Patmos-Verlag, die uns aufgrund des Ramadan-Kalenders dieses Buchprojekt vorschlug.

Die Autorinnen der Beiträge kommen aus verschiedenen Ecken der Gesellschaft. Was sie eint, ist ihr Glaube, der Islam, und die Bereitschaft, Ausschnitte ihrer Geschichte mit anderen zu teilen. So individuell wie jeder Mensch dieser Erde ist, so sind es auch die Frauen in diesem Buch. Und natürlich kann hier nur ein kleiner Ausschnitt deutschsprachiger Musliminnen vorgestellt werden.

Ich mag den Vergleich der Pilger*innen, die sich ringförmig in Mekka um die *Kaaba* zum Gebet aufstellen. Aus der Vogelperspektive ergibt sich ein kreisförmiges Muster, das einem Fingerabdruck ähnelt.

Auf den ersten Blick sehen alle gleich aus. So einzigartig, wie jedoch ein Fingerabdruck ist, so einzigartig ist auch jeder einzelne Mensch.

Gestern setzte ich mich bei dem Festival in Braunschweig, bei dem ich die anderen Mondgeflüster-Frauen traf, zu einer Frau, um mein Mittagessen zu genießen. Sie meinte dann nach einiger Zeit: „Ihr seid ganz schön selbstbewusst." Ich fragte sie, wen sie denn mit „ihr" meine. „Na, ihr arabischen Frauen. Es gibt da ja so Vorurteile ..."

In meinem Kopf sprudelten tausend Gedanken. Ist arabisch gleich muslimisch? Hat sie noch nie eine Muslimin auf einer Bühne gesehen? Woher kommt dieser Gedanke? Was denkt sie sonst noch?

Anstatt all das anzusprechen, sagte ich einfach nur: „Ja, das scheint wohl ein Vorurteil zu sein."

Unsere Absicht ist es, den Leserinnen und Lesern Mut zu machen, sie zu inspirieren, ihnen mögliche Vorbilder zu zeigen, sie zum Schmunzeln zu bringen und auch Einblicke in vielleicht bisher unbekannte Lebensweisen zu geben.

Auch soll das Buch als Brückenbauer dienen. Die Leserinnen und Leser werden sehen, dass die Herausforderungen des Lebens sich ähneln, gleich welcher Religion oder Nationalität jemand angehört. Alles, was man nicht kennt, scheint erst einmal fremd. Je mehr wir jedoch über die andere Person erfahren, desto näher kommen wir ihr und desto eher können wir sie auch als Individuum wahrnehmen.

Wir hoffen, mit diesem Buch auch mit dem einen oder anderen Vorurteil aufräumen zu können. Vorurteile gibt es auf allen Seiten. Je mehr Gemeinsamkeiten jedoch gefunden werden, desto näher kommen wir uns, wenn wir offen dafür sind.

Suhila Thabti-Megharia

Wir danken allen Autorinnen für ihre Offenheit und bitten Sie als Leser*innen, dieser Offenheit mit Respekt zu begegnen. Zum besseren Verständnis sind kursiv geschriebene Begriffe mit arabischem oder türkischem Ursprung im Glossar hinterlegt und können dort nachgelesen werden.

Vielen Dank!

Das Mondgeflüster-Team

WIE HAST DU ZU GOTT GEFUNDEN?

Die Wege zu Gott können sehr
verschieden sein. Bei den meisten,
egal ob sie in einem religiösen
Elternhaus aufgewachsen sind
oder nicht, gibt es oft diesen
einen Punkt, an dem sie sich
mit voller Überzeugung für ihren
Weg entscheiden.
In diesem Kapitel erzählen
zehn Frauen mit verschiedenen
Hintergründen ihre Geschichten:
wie sie Gott nähergekommen sind,
wie sie Gott gefunden haben
oder auch wie sich ihr Gottesbild
im Laufe der Zeit gewandelt hat.

www.superhirnladung.com
Instagram: superhirnladung
Facebook: superhirnladung
Youtube: Superhirnladung

DIE TELEFON-
NUMMER ALLAHS
Suhila Thabti-Megharia

Mittlerweile bin ich Mitte dreißig, habe drei Kinder und mache mir, wie so viele andere Eltern, Gedanken über die Erziehung meiner Kinder.

Ich schaue dann gerne auf meine eigene Reise zurück. Ich bin sehr dankbar, wie unsere Eltern meine drei Brüder und mich aufwachsen ließen. Meiner Meinung nach, ist ein Vorbild zu sein das A und O. Vielleicht kennst du den Ausspruch des Propheten Muhammads (*Friede und Segen sei mit ihm*): „Binde dein Kamel an und dann vertraue auf Allah." Genau so möchte ich es handhaben. Ich gebe mein Bestes, auf alles andere habe ich keinen Einfluss.

Es gab bei mir nie eine Zeit, in der ich die Existenz Gottes infrage gestellt habe. Vielmehr waren die Antworten auf meine Gebete immer wieder eine Bestätigung, dass er da ist.

Ich müsste sechs Jahre alt gewesen sein, als ich auf meinem Kindergartenweg über Gottes Eigenschaften philosophierte. Ich bin in Basel geboren und aufgewachsen. Damals war es üblich, dass wir den Kindergartenweg ohne Eltern antraten. Normalerweise lief ich immer mit meiner Nachbarin Christine. Alle hielten uns für Zwillinge und ich stehe bis heute mit ihr in Kontakt. Wir haben eine besondere Beziehung. Christines Familie ist Teil einer großen christlichen Gemeinschaft, bei deren Veranstaltungen ich in meiner Kindheit und Jugend ab und zu teilgenommen habe. Heute ist sie verheiratet, hat ebenfalls drei Kinder und ihr

Mann ist Pfarrer. Ich bin davon überzeugt, dass unsere Freundschaft ein Geschenk Gottes ist.

An diesem besagten Tag lief ich allein in den „Kinddsgi", wie man den Kindergarten auf Baseldeutsch nennt. Der Weg zum Kindergarten dauerte etwa zehn Minuten. An der Ecke befand sich eine Abzweigung. Es gab den normalen Weg nach rechts, den wir einhalten sollten, und es gab dann noch einen Weg linksherum, der eigentlich zu vermeiden war.

Während ich auf diese „Ecke der Entscheidung" zulief, fragte ich mich, ob Gott schon wisse, welchen Weg ich nehmen würde, auch wenn ich kurzfristig doch den anderen Weg wähle ...? Mit meinen sechs Jahren kam ich dann darauf, dass er wahrscheinlich schon alles viel früher weiß als ich, auch wenn ich in dem Moment selbst die Entscheidung treffe. Ich kann mich auch noch gut an die Gedankengänge erinnern, bei denen ich mich fragte, wer denn Gott erschaffen hätte. Ein größerer Gott? Und wer hat dann diesen erschaffen? Als ich merkte, dass diese Überlegungen ins Unendliche ausarten würden, gab ich mich damit zufrieden, dass Gott selbst keinen Anfang und kein Ende haben kann.

Wenn ich im Nachhinein an diese Situationen denke, erinnert es mich an die Geschichte des Propheten Abraham (*Fsmi*), wie sie im Koran erzählt wird. Schon als Kind beobachtete er seine Umwelt und kam zu der Erkenntnis, wer der Schöpfer von allem sein musste. Diese Erkenntnis machte ihn so stark, dass er vielen Widrigkeiten seiner eigenen Umwelt standhielt.

Verstehe mich nicht falsch. Hier vergleiche ich mich nicht mit einem der größten Propheten. Vielmehr möchte ich darauf hinweisen, dass wir nur durch eigene Überlegungen und Schlussfolgerungen zu Erkenntnissen kommen können und somit auch standhaft sind. Im Koran werden wir sehr oft aufgefordert, unseren Verstand zu benutzen, die Umwelt zu betrachten, um dann Gott zu erkennen und Ruhe im Herzen zu finden.

Ich bin in einem, ich würde sagen, spirituellen Haushalt aufgewachsen. Mein Vater ist Algerier und „gebürtiger" Muslim. Das Wort gebürtig setze ich in Anführungszeichen, weil im Islam davon ausgegangen wird, dass jeder Mensch als Muslim geboren wird. Übersetzen wir das Wort Muslim ins Deutsche, heißt es nichts anderes als „Gott ergeben zu sein".

Deshalb spreche ich auch nicht gern von der Konvertierung als vielmehr von der Revertierung meiner deutschen Mutter, bei der ich als Neunjährige anwesend war.

In meinem Fotoalbum gibt es ein sehr anschauliches Bild von unserem damaligen Familienleben: Meine drei Brüder und ich sitzen am Tisch. Im Vordergrund ein Adventskranz mit roten Kerzen, im Hintergrund eine Ramadankulisse, gebastelt von meinem Vater. Mein Vater hat spielerisch versucht, uns den Islam näherzubringen. So brachte er mir einmal die Telefonnummer *Allahs* bei: „24434". Was ich damals noch nicht wusste: Die fünf täglichen Gebete setzen sich aus einer unterschiedlichen Anzahl an Gebetseinheiten zusammen. So hat das Morgengebet zwei Gebetseinheiten oder *Rakat*, wie man sie auf Arabisch nennt. Das Mittags- und Nachmittagsgebet haben jeweils vier Einheiten, das Sonnenuntergangsgebet drei und das Nachtgebet wieder vier. Ich rannte schnurstracks zum Telefon und wählte. „Kein Anschluss unter dieser Nummer." Erst viel später merkte ich, was mein Vater mir damit sagen wollte. Er wollte mich darauf hinweisen, dass ich mich an die Gebete halten soll, wenn ich die Verbindung zu Gott suche.

Tatsächlich wurde die Religion für mich selbst erst in meinem Abiturjahr interessant. Durch den Musiker Sami Yusuf bekam ich einen eigenen Zugang. Auf meinem dreizehn Kilometer langen Schulweg mit dem Fahrrad hörte ich seine Texte auf meinem Walkman rauf und runter. Auch meinen Au-Pair-Aufenthalt organisierte ich mir in Kairo, in der Hoffnung, mehr von der Kultur, der Sprache und natürlich auch der Religion mitzubekommen.

Wieder in Deutschland angekommen suchte ich den Kontakt zu muslimischen Leuten. Da ich in einem kleinen Dorf wohnte und sonst kaum andere Muslime kannte, ging ich online auf die Suche. Per Mitfahrgelegenheit tuckerte ich von der Schweizer Grenze nach Frankfurt zu einer dreitägigen Jugendveranstaltung. Dieses Event war so eine Art Wendepunkt. Ich kaufte mir meinen ersten Koran, ich fing an regelmäßig zu beten und ich lernte über schicksalhafte Umstände meinen Mann kennen. Und stell dir vor, wer als Überraschungsgast aus London angereist kam? Der Sänger, Sami Yusuf.

Da ich damals wahrscheinlich die Einzige war, die nicht in einer Gruppe anreiste, wurde ich in das Zimmer der Köln-Bonner Mädchengruppe untergebracht. Damals wusste ich jedoch noch nicht, dass ich studieren würde, geschweige denn in Bonn, und dass ich an einer Ramadan-Student*innenveranstaltung auf meine Bettnachbarin treffen würde.

Solche Fügungen und viele erhörte Bittgebete zeigten mir immer wieder, dass unser Leben kein Zufall sein kann.

Während meiner Studienzeit traf ich sehr viele muslimische Frauen und ich merkte, dass mir das all die Jahre gefehlt hat. Ich setzte mich viel mit der Religion auseinander. Auch durch meine Biologievorlesungen lernte ich die Schöpfung Gottes immer mehr zu lieben und konnte mich für wissenschaftliche Erkenntnisse im Koran begeistern.

Als meine erste Tochter dann drei Monate alt war, stellte ich mir vor, dass sie mich eines Tages mit der Frage konfrontieren würde, weshalb manche Frauen ihre Haare bedecken und ich nicht. Das war der Tag, an dem ich mich am Abend des 21. Septembers 2008 im Ramadan mit einem knallroten Tuch auf die Straße begab. Ich kam freudestrahlend nach Hause. Mich hat eine mir fremde Familie mit „Assalamu aleikum" gegrüßt. Das ist bisher noch nie vorgekommen.

Ich gehe vertrauensvoll durch das Leben. Manche Dinge verstehen wir erst im Nachhinein, trotzdem bin ich überzeugt, dass wir alle Erfahrungen brauchen, um unsere eigenen Überzeugungen zu festigen und so auf unserem Weg zu Gott einen Schritt weiterzukommen. Wir planen, doch Gott ist der beste Planer.

DIE FRAGE IST NICHT,
WIE WIR ALLAH
FINDEN, SONDERN
WIE WIR IHN
NICHT VERLIEREN

Hatice Avci

Bismillahir-Rahmanir-Rahim, im Namen *Allahs*, des Allerbarmers, des Barmherzigen. Der Gesandte *Allahs*, Segen und Frieden sei mit ihm, sprach Folgendes:

> „Wenn jemand eine ehrbare Sache macht, aber vor dem Beginn den ehrbaren Namen Allah des Erhabenen mit ‚Bismillahir-Rahmanir-Rahim' nicht aufsagt, so wird diese Sache unvollständig und ihr Nutzen und Segen werden wenig sein."

Daher beginne ich mit diesen Worten *Allahs* des Erhabenen meine Memoiren in dem Wissen, dass sie dadurch für die Lesenden *inschallah* einen Segen enthalten.

Wie habe ich zu *Allah* (s.w.t.) gefunden? Dieser Frage soll ich für dieses Buchprojekt nachgehen. Diese oder ähnliche Fragen stelle ich mir immer wieder. Wieso habe ich das Glück, eine Muslima zu sein? Obwohl alle Menschen nach dem islamischen Glauben als Muslime auf die Welt kommen, sterben und leben nicht alle als Muslime. Und ich?

Ich bin in eine muslimische Familie hineingeboren, somit stimmten die äußeren Rahmenbedingungen. Hätten meine Eltern mich statt mit muslimischen Werten mit anderen Grundüberzeugungen erzogen, was wäre dann? Hätte ich den Mut und die Stärke, mich auf die Suche nach der für mich richtigen Religion zu begeben? Meine Eltern haben mich nicht mit den Pflichten eines muslimischen Kindes bzw. Jugendlichen erzogen. Sie haben mir diese klar vermittelt und vorgelebt.

Heute als erwachsene Frau danke ich ihnen für diese Freiheit, die ich erhielt. Vor allem aber möchte ich *Allah* dem Erhabenen und besonders meinem Propheten Muhammad, Segen und Frieden seien mit ihm, von Herzen danken, dass sie mich nicht allein lassen. Nicht ich habe *Allah* den Erhabenen gefunden, sondern er war so barmherzig und gütig, dass in mir die Liebe zum Islam seit meiner Geburt nicht erlosch, sondern mein Glaube mit dem Wissen wächst und stärker wird.

So lautet meine Frage nicht: „Wie habe ich zu *Allah* dem Erhabenen gefunden?", sondern: „Wie bin ich *Allah* dem Erhabenen nähergekommen, sodass ich die Kraft im Herzen spüre?"

Die Lebensabschnitte, in denen mich Schicksalsschläge härter als sonst trafen, wo ich manchen Sinn hinterfragte, waren die wichtigsten Ereignisse. Ich hatte das Gefühl, dass sich alle Türen und Fenster in einem Wolkenkratzer schließen und kein Ausweg in Sicht ist. Es öffneten sich jedoch andere, neue Türen, die für mich bis dato nicht vorstellbar waren. Endlich verstand ich die Bedeutung der *Ayat*. *Allah* (*s.w.t.*) spricht Folgendes (sinngemäß übersetzt):

> „Vorgeschrieben ist euch zu kämpfen, obwohl es euch zuwider ist. Aber vielleicht ist euch etwas zuwider, während es gut für euch ist, und vielleicht ist euch etwas lieb, während es schlecht für euch ist. Allah der Erhabene weiß, ihr aber wisst nicht."
> (Koran 2:216)

Diese Tage haben in mir eine Kraft und ein Bewusstsein geweckt, die ich so nicht kannte. Mein bester Freund und Begleiter war *Allah* (*s.w.t.*). So sprach er:

> „Allah der Erhabene erlegt keiner Seele mehr auf,
> als sie zu leisten vermag." (Koran 2:286)

Dieser Gedanke stärkte mich, dass *Allah* (*s.w.t.*) immer ein Auge auf mich hat und mir keine Bürden auflädt, die ich nicht zu meistern wüsste, sondern mir Möglichkeiten bietet, ihn stärker in meinem Bewusstsein zu verankern. Versteht mich nicht falsch, es war keine einfache Zeit. Aber was ist schon einfach im Leben?

Heute, im Nachhinein, darüber zu schreiben, ist einfach. Allerdings wäre ich ohne diese Phasen nicht die geworden, die ich heute bin! Diese Zeit war der Grund dafür, dass ich meinen Erstberuf aufgegeben und Soziale Arbeit studiert habe und mir weitere Ziele im Leben bewusst setzte, wie meine Weiterbildung zur Systemischen Beraterin und Therapeutin in Ausbildung. Denn ich spreche, wie mein Prophet Muhammad (*Fsmi*) zur ganzen Welt, weil ich alles respektiere, was *Allah* (*s.w.t.*) erschaffen hat. Meine Religion besteht nicht aus einem Buch, in dem zur Unterdrückung der Frau oder zu Gewalt aufgerufen wird, wie es meist aus der eurozentrischen Perspektive vermittelt wird, sondern meine Religion ist die Botschaft *Allahs* (*s.w.t.*) und sie führt uns vor Augen, dass die Verschiedenheit der Menschen kein Hindernis für ein friedliches Zusammenleben ist. So ist Pluralismus erlaubt, jedoch keine Diskriminierung und kein Rassismus:

> „O ihr Menschen, Wir haben euch von einem männlichen und einem weiblichen Wesen erschaffen, und Wir haben euch zu Verbänden und Stämmen gemacht, damit ihr einander kennenlernt. Der Angesehenste von euch bei Allah, dem Erhabenen, das ist der Gottesfürchtigste von euch. Allah, der Erhabene, weiß Bescheid und hat Kenntnis von allem." (Koran, 49:13)

Daher habe ich es mir als Muslima zur Aufgabe gemacht, nicht nur anlässlich eines Schicksalsschlags, sondern in jedem Moment meines Lebens *Allah* näherzukommen, die Güte und Macht *Allahs* (*s.w.t.*) nicht zu vergessen, sondern sie in meinem Herzen, meinen Gedanken und meinem Handeln als einzige Quelle zu verankern. *Inschallah* ermöglicht und erleichtert *Allah* (*s.w.t.*) uns allen das Erreichen unserer Ziele. *Amin*.

Aus diesem Grund biete ich in einer Welt, die meist von Egoismus und Gedankenlosigkeit beherrscht wird, Trainings und Workshops an, um dieses Bewusstheit zu erkennen, zu vertiefen und zu stärken. Als kopftuchtragende Muslima wird mir das Leben hin und wieder erschwert. Es herrschen Ressentiments und ich werde nicht als gleichwertiger Mensch respektiert. Aufgrund der Tatsache, dass ich eine Muslima bin, kämpfe ich für die Würde aller Menschen. Der Spruch der afroamerikanischen feministischen Dichterin Pat Parker habe ich an meinen Kontext angepasst.

Er beschreibt die Ambivalenz, der wir uns bei der Benennung von Differenzen stellen müssen: „Erstens: Vergiss, dass ich Muslima bin! Zweitens: Vergiss nie, dass ich Muslima bin!"

Wie anfangs beschrieben, waren die äußeren Rahmenbedingungen gegeben, und um der inneren Kohärenz, also *Allah* (*s.w.t.*), näherzukommen, strebe ich nach einem guten Charakter. Denn nichts anderes ist von größerer Bedeutung als ein gutes Benehmen und ein guter Charakter. Dafür benötigt es eine ständige Selbstreflektion: Welche Gedanken beeinflussen mein Handeln und wie gewinne ich die Macht (wieder) über sie zurück, was triggert mich und löst eine Reaktion bei mir aus? Ich möchte kein Mensch sein, der auf Reize reagiert, ohne darüber nachzudenken, der auf Autopilot durchs Leben schlendert, weil es bequemer ist. Meine Arbeit ist meine Vision, wie ich mich *Allah* (*s.w.t.*) nähere. Durch sie bringe ich mich und andere auf den für jeden richtigen Weg, indem wir unsere Augen öffnen und ein Bewusstsein schaffen. Dazu möchte ich zwei meiner Lebensweisheiten mit euch teilen:

> „Reichtum verschwindet, wenn er ausgegeben wird, aber Wissen wächst, wenn man es ausgibt."
> (Ibn al Qayyim *r.a.*)

> „Mit den *Fard* (verpflichtende Taten und Gebete) findet mein Diener Befreiung von meiner Bestrafung

und mit den *Nafilah* (freiwillige Taten und Gebete) nähert er sich Mir.« (Hadith Qudsi)

Lasst uns nicht fragen, wie wir *Allah* den Erhabenen gefunden haben, sondern lasst uns daran arbeiten, dass wir ihn nicht verlieren und uns ihm mit freiwilligen Taten und Gebeten nähern!

„Wer Allah eine Spanne näher kommt, dem nähert sich Allah eine Elle, und wer Allah eine Elle näher kommt, dem kommt Allah so viel wie einen ganzen Arm näher. Und wenn er laufend zu Allah kommt, wird Allah ihm rennend entgegenkommen.« (Sahih Muslim)

Denn *Allah* (*s.w.t.*) hat dies gesprochen:

„Wir haben ja den Menschen erschaffen und wissen, was (alles ihm) seine Seele einflüstert, und Wir sind ihm doch näher als seine Halsschlagader." (Koran 50:16)

Inschallah werden uns der Genuss des Glaubens und die Aufrichtigkeit in unserem Herzen verankert, dass wir als Muslime sterben, die im Paradies sich wieder begegnen und *Allahs* Schöpfung erblicken. *Amin*.

IMMER WIEDER GEHT
EINE TÜRE AUF –
ES GEHT WEITER!

Fekrat Dadou

Da Fekrat Dadou Analphabetin ist, kommt der folgende Text in Zusammenarbeit mit ihrer guten Freundin Michaela Fohmann zustande.

Mein Name ist Fekrat Dadou. Ich kam als drittes Kind am 22. Juli 1959 in Jelali, nordwestlich von Aleppo, in Syrien im Haus meiner Großeltern zur Welt.

Mit zwei Jahren zog ich mit meiner Familie nach Kalessi, einem Vorort von Aleppo. Die dort lebende Mehrheitsbevölkerung, arabische Syrer, mochten uns kurdische Syrer (ca. zehn Prozent) nicht. Ich erinnere mich noch heute, wie ich mit meiner Oma (an ihrer Kleidung als Kurdin erkennbar) als Dreijährige durch unser Wohnviertel spazierte und Kinder und Jugendliche uns hinterherriefen, uns beschimpften oder Steine nach uns warfen. Abgesehen davon war meine Kindheit schön; ich spielte sehr gerne draußen, und nach zwei Jahren Grundschulbesuch versuchte mein Vater, beim Schuldirektor um Verständnis für seine verspielte, wilde Tochter zu werben. Es endete mit meinem Schulverweis, und fortan blieb ich zu Hause, half im Haushalt und spielte viel draußen, half begeistert meiner Oma auf dem Lande, das Feld mit dem Esel zu bestellen, und lernte die verschiedenen Pflanzen kennen, die auch noch heute als Naturmedizin beliebt sind.

Mit 16 Jahren heiratete ich den zehn Jahre älteren H., einen Verwandten meiner Familie mütterlicherseits. 1975 wurde unsere erste Tochter geboren. Es folgten drei Söhne und vier Töchter. Unsere Haushaltsführung musste ich mit sehr einfachen und bescheidenen Mitteln bewältigen. Ich kann nicht lesen und schreiben, auch mein Mann nicht. Die Einkünfte waren spärlich. Alle Kleider und Windeln mussten von Hand gewaschen werden, oft reichte das Haushaltsgeld nur knapp, um alle satt zu bekommen. Immer wieder unterstützte uns mein Bruder, wenn er miterlebte, dass wir zum Beispiel bereits seit Monaten ohne Strom lebten.

1992 wurde die politische Situation in Syrien für meinen Mann zu gefährlich, und wir flohen nach Deutschland, zunächst ohne unsere Kinder. Unsere älteste Tochter wollte in Syrien bleiben, um ihre Schule zu beenden. Sie lebte fortan bei meinen Eltern, wie auch anfänglich die anderen acht Kinder. Mein Mann und ich kamen in eine Flüchtlingsunterkunft nach Overath in Nordrhein-Westfalen und zogen danach noch zweimal in andere Unterkünfte. Hier in Deutschland begann ich, fünfmal täglich zu beten. In Syrien, mit acht Kindern und der täglichen Arbeit, fand ich keine freie Minute dafür. Doch mein Bruder sagte damals: „Auch wenn du nur ein kleines sauberes Fleckchen hast, kannst du das Gebet verrichten." Ich erinnerte mich an seine Worte: „Wenn du einen Schritt auf Allah zugehst, kommt er dir zehn Schritte entgegen" (sinngemäß aus den Hadithen, den Aussprüchen unseres Propheten Muhammad (*Fsmi*)). Seit dieser Zeit habe ich kein Gebet ausgelassen. Den Fastenmonat Ramadan fastete ich seit meinem siebten Lebensjahr, zunächst nur den halben Tag, dann ab zehn Jahren den ganzen. Für meine Kinder wünsche ich mir, dass auch sie eines Tages zu Gebet und Fasten finden werden.

Oft waren meine Not und Verzweiflung so groß, dass ich nur noch *Allah* als Hilfe und Stütze hatte! Ich wusste nichts von Hilfsangeboten für uns Geflüchtete, geschweige denn von Beratungen. Ich sehnte mich unendlich nach meinen Kindern. Zwei Monate nach unserer Ankunft in Deutschland konnte ich nach drei falschen Flugankündigungen von Damaskus nach München fünf meiner acht Kinder in die Arme nehmen. Dreimal fuhren wir von Nordrhein-Westfalen vergeblich nach München, um die Kinder am Flughafen in Empfang zu nehmen. Sie waren nicht dabei! Welche Enttäuschung!

Meinen ältesten Sohn – damals sechzehn Jahre alt – und meinen jüngsten Sohn – damals ein Jahr alt – sah ich erst zwei Jahre später in Bayern wieder, wo wir inzwischen eine Familienflüchtlingsunterkunft im Kreis Coburg erhalten hatten. Mein älterer Bruder (in Syrien ausgebildeter Mediziner, jetzt als Anästhesist in Deutschland praktizierend) brachte die beiden über die Balkanroute versteckt im Auto zu uns. Bis auf meine älteste Tochter hatte ich nun alle Kinder bei mir. Ich war froh und dankbar. Leider waren die Flüchtlings-unterkünfte oft sehr mangelhaft und meine neunköpfige Familie zog wegen Feuchtigkeit oder Schimmel bis zum Jahre 2000 circa sechsmal um.

Die Kinder besuchten die Schule, lernten schnell Deutsch und konnten für uns Eltern als Analphabeten früh schon das Ausfüllen der Formulare übernehmen und dolmetschen. Es gab sehr unterstützende Menschen in Schulen und im Landratsamt, denen ich bis heute sehr dankbar bin. Dennoch waren diese Jahre sehr hart für mich. Mein Mann hatte keine Arbeit, trank viel Alkohol, das Geld war sehr knapp, der Stress entsprechend hoch und wenn die heranwachsenden Kinder sich mit ihren Kamerad*innen treffen wollten, bezogen sie Prügel von ihrem Vater. Ich versuchte so gut es ging, den innerfamiliären Streit nicht nach außen dringen zu lassen. Unser monatliches Einkommen in jenen Jahren war vierzig DM pro Erwachsenen und je zwanzig DM für jedes Kind. Von den Möglichkeiten einer Sozialbetreuung, an die ich mich hätte wenden können, wusste ich nichts ... Zwei sechswöchige Krankenhausaufenthalte (Schilddrüse und Blinddarmvereiterung) verliefen für mich traumatisch, da ich meine Kinder nie zu Gesicht bekam. Mein Mann wollte sie nicht mit ans Krankenbett bringen. Aber meine Gebete gaben mir in sehr herausfordernden Situationen immer wieder Halt und Stütze.

In Bayern spürte ich von vielen Menschen eine deutliche Ablehnung uns gegenüber. Pubertierende Jugendliche liefen uns johlend hinterher. „Kanaken" konnte ich heraushören. Vieles verstand ich nicht, aber ich spürte deutlich den Hass, der sich gegen uns richtete.

1998 erreichte uns ein Schreiben der Ausländerbehörde. Wir sollten innerhalb von 48 Stunden ausreisen, sonst drohe eine Abschiebung. Mein Mann flüchtete gen Norwegen, ich verkaufte, so gut es ging, den Hausrat. Die Kinder informierten ihre Lehrer*innen, Klassenkamerad*innen, und innerhalb kürzester Zeit entstand eine Solidaritätsbewegung mit öffentlicher Kundgebung in unserem Wohnort, die forderte, unsere Abschiebung zurückzunehmen. Erfolgreich. Wie froh und dankbar wir den unterstützenden Menschen waren! Ein neues Einwanderungsgesetz im Jahre 2000 erlaubte uns, eine selbstgewählte Wohnung zu finden. Mein Mann kam nach ungefähr anderthalb Jahren aus Norwegen zurück, fand eine Arbeit, und 2004 erhielten wir eine unbefristete Aufenthaltserlaubnis. Da mein Mann immer sagte, mit Kopftuch hätte ich keine Chance, eine Arbeit zu finden, versuchte ich es entnervt selbst, spazierte herum, stellte mich vor, wurde am nächsten Tag bereits zum Gemüseschälen eingestellt und war sehr froh, von 2000 bis 2010 in einem Hotel- und Restaurantbetrieb in der Küche arbeiten zu können. Endlich konnte ich, allerdings gegen den Widerstand meines Mannes, mein eigenes selbstverdientes Geld verwalten. Das erlaubte mir, regelmäßig Geld zu meiner ältesten Tochter nach Aleppo zu schicken.

2004 reiste ich zum ersten und einzigen Mal nach Syrien, verbrachte wunderschöne kostbare Tage mit meinen Töchtern bei meiner Mutter, die im darauf-folgenden Jahr starb.

Im Jahre 2005 erhielten wir alle den deutschen Pass.

Im Jahre 2010 zog ich nach 15 Jahren aus unserem kleinen Städtchen in Bayern fort in ein Dorf nach Baden-Württemberg. Ich kümmerte mich bereits seit vier Jahren um meinen ersten Enkel, den vierjährigen Sohn meines Sohnes, und nahm ihn mit. Zwei meiner Töchter wohnten und arbeiteten hier im Markgräfler-land. 2012, inzwischen siebenunddreißig Jahre alt, kam kriegsbedingt nun auch meine älteste Tochter zu uns nach Deutschland, und 2014 zog auch mein Mann aus Bayern wieder zu mir. Diese Jahre waren geprägt von vielen Krisen – auch gesundheitlichen –, aber vor allem emotionalen. Oft lief ich allein auf regennassen Straßen und Feldwegen, weinte bittere Tränen und bat *Allah* verzweifelt um Hilfe. Immer wieder ging eine Türe auf, und es ging weiter.

2012 begegnete ich auf dem Bahnsteig eines kleinen Dorfes im Kreis Lörrach auf dem Weg zu meiner ersten Deutschstunde, die mir das Jobcenter vermittelt hatte, einer Frau, die mich mit dem arabischen Gruß „Assalamu aleikum" begrüßte und mir am Ticket-schalter half, zum ersten Mal in meinem Leben ein Ticket in Deutschland zu kaufen! Die gemeinsame Fahrt nach Freiburg ging wie im Flug vorbei, sie gab mir ihr Visitenkärtchen ... und am nächsten Morgen stand ich vor ihrer Haustür mit einer Tüte frischer Brötchen und half ihr, nach einem gemütlichen Frühstück ihr elterliches Haus zu räumen. Nach dem Besuch im Pflegeheim bei ihrer sterbenden Mutter entwickelt sich unsere Freundschaft bis zum heutigen Tage! Kurzzeitig wohnte ich mit meinem Mann und unserer ältesten Tochter bei dieser Freundin und ihrem Mann, doch bald darauf fand sie für uns eine Wohnung in der Nähe von Bekannten. Seit der Trennung von meinem Mann im Jahre 2016 lebe ich dort nun allein. Die Hilfe und Stütze, die ich von *Allah* über all diese schweren Jahre erhalten habe, ist unermesslich. Meine Kinder sind alle gesund, stehen auf eigenen Füßen, und ihre Entwicklung mit den eigenen Kindern, meinen Enkelkindern, macht mir große Freude und erfüllt mich mit großer Dankbarkeit.

Dass ich 2017 zur Wallfahrt nach Mekka reisen konnte, verdanke ich meiner seligen Mutter, die mir genügend Gold hinterlassen hatte, sodass die Reise möglich wurde.

Im Jahr darauf ermöglichte mir mein Bruder, der Arzt in Medina ist, die *Umra* nach Mekka und Medina, und ich konnte noch fünf Wochen bei ihm und seiner Familie bleiben. *Alhamdulillah.*

WANN IST
DER RICHTIGE
ZEITPUNKT?
Alia

Bismillah! Ich wuchs in einer wahrscheinlich „klassisch" deutschen Familie auf. Ein Glaube spielte im Alltag keine Rolle, auch wenn wir als christlich zählten. Weihnachten wurde innerhalb der Familie traditionell gefeiert, selbst mit dem einmal jährlichen Besuch in der Kirche.

Dass der Islam eine für mich wie maßgeschneiderte Religion ist, ist mein ganzes Leben lang schon so, nur war es mir lange Zeit nicht bewusst. Im Gegenteil, durch ein paar wenige Erfahrungen als Teenager verstand ich vermeintlich islamische Ansichten nicht, und es wäre mir nicht in den Sinn gekommen, mich damit zu identifizieren. Ich erfuhr es erst, als ich meinen Mann kennenlernte, dessen Vater aus Syrien kommt. Die in Deutschland lebende Familie meines Mannes ist muslimisch. Dazu zählen seine Schwester, meine konvertierte Schwiegermama und durch den Krieg in Syrien auch einige hier lebende Cousins. Weil wir uns sehr liebten, wollten wir schon sehr bald heiraten. Nach deutschen Verhältnissen und den Ansichten meiner Familie und Freunde etwas verfrüht. Da mein Mann wusste, dass Religion für mich in meinem Leben keinen Platz einnahm, wollte er vor der Verlobung von mir wissen, ob wir unsere erhofften gemeinsamen Kinder islamisch erziehen können. Ohne eine konkrete Vorstellung davon zu haben, willigte ich ein, da ich ihn für seinen Glauben und seine ganze Art sehr bewundere und liebe und mir auch nichts Schöneres für meine

Kinder vorstellen kann. Auch in der Universität lernte ich, welch bedeutenden Anteil jegliche Form von Spiritualität für die Resilienz von Menschen ausmacht.

Von Beginn an wollte ich alles mit meinem Mann zusammen erleben und ich schätze unser grenzenloses Interesse an der Gedankenwelt des anderen und wie wir uns ein gemeinsames Leben geschaffen haben sehr. Dazu gehörte selbstverständlich auch der vollständige Verzicht auf Lebensmittel vom Schwein und Alkohol. *Alhamdulillah*, mein halbes Leben lang erinnere ich mich an unzählige Situationen, in denen es schwierig für mich war, mich ständig vor meinen Freunden gegen das Trinken und Feiern auszusprechen und durchzusetzen, weil ich es nicht wollte. Ich sah meinem Mann schon immer gerne beim Beten zu und ahmte, wenn ich konnte, seine Bewegungen nach. Ich lernte die Schönheit des Monats Ramadan kennen und dass es überhaupt so viel mehr als nur das Fasten mit dem Magen ist. So vergingen unsere ersten Beziehungsjahre. Fragen von entfernteren und nahestehenden Personen, ob ich denn konvertiert sei, regten mich innerlich jedes Mal auf und störten mich, da sie mich immer etwas in Erklärungsnot brachten. Es kam darauf an, wer und wie man mich fragte, aber ich empfand es immer als zu intim, grenzüberschreitend und unangemessen. Um Auseinandersetzungen mit Freunden und vor allem meiner Familie zu vermeiden, lebte es sich für mich leichter, diese Frage mit einem einfachen „Nein" zu beantworten. Eine tiefere Einsicht in unsere Lebensweise war nicht nötig. Für weitere Nachfragen und Erklärungen fehlten mir jedwede Überzeugung, Wissen, der Mut und die Kraft.

Alhamdulillah für unsere beiden gesunden und wundervollen Töchter. Ich lese ihnen gerne islamische Kinderbücher vor und bringe ihnen durch gemeinsames Basteln mit meinem Halbwissen die islamischen Feste näher. So sah also bisher die „islamische Erziehung" aus, zumindest bei uns. Als schließlich unsere ältere Tochter zwei Jahre alt war, hat sie unerklärlicherweise permanent vom Tod gesprochen. Ihre größte Sorge dabei war die Vorstellung, dass nur ein einzelner aus unserer Familie stirbt und wir nicht alle gleichzeitig und gemeinsam in das Paradies kommen. Sie ginge nur in das Paradies, wenn wir alle zusammen gehen würden, sagte sie. Ich tat mein Mama-Bestes, um ihr diese Ängste zu nehmen und ihr Sicherheit zu geben. Gleichzeitig schnürte es mir natürlich jedes Mal die Kehle zu, da mir im Gegensatz zu ihr bewusst war, wie es aktuell um uns steht und mir das Paradies verwehrt bleibt, wenn ich mich nicht durch die *Schahada* zum Islam bekenne. Doch da war noch meine Überforderung zu Hause mit den zwei Kleinkindern. Woher sollte ich die Zeit nehmen, mich mit der Religion zu befassen? Mit der Konvertierung hätten sich meine Ansprüche an mich und ein Muslima-Sein geändert. Eine von vornherein erfolglose Sache wollte ich ungern beginnen.

Und dann war da noch meine Mama mit ihren in unserer Gesellschaft typischen, weit verbreiteten islamkritischen Bedenken und dieses Widerstreben meinerseits, sie in diese Sache miteinzubeziehen. Ich traute es unserer Fähigkeit zu kommunizieren einfach nicht zu. Zu konvertieren und es dann vor anderen zu leugnen, war auch keine Option für mich. Also verblieb ich weiterhin in diesem Zustand und schob es innerlich von mir, wie viele andere Projekte, auf meine After-Kleinkindzeit.

Mein Leben fühlte sich durch diese ausstehende Sache leicht risikobehaftet an, da man ja bekanntlich nicht weiß, wie lange man lebt und ich tat dies ohne besagtes Glaubensbekenntnis.

Durch meine jüngere Tochter erlebte ich viele schlaflose Nächte. Diese versuchte ich etwas effektiver zu nutzen und richtete mir einen Instagram-Account ein, um durch verschiedene Fremdsprachenangebote auf einfachste Art und Weise Arabisch zu lernen. Durch Fügung lernte ich dabei den wahrscheinlich wertvollsten Kontakt meines Lebens kennen: Eine vor vielen Jahren konvertierte Hamburgerin, die im Alter meiner eigenen Mama sein mag. Die wundervollste, beeindruckendste und schlauste Frau, die mir je begegnet ist. Im Verlauf unseres Austausches bekam sie eine dieser nach über einem Jahr immer noch bestehenden, emotionalen Situation mit, in der sich Klein-Leyla um den Tod und das Paradies sorgte. Die Glaubensschwester fragte mich dezent und sehr betroffen, auf was für ein Zeichen ich eigentlich noch warten würde und ob mir die Bitten meiner Tochter nicht genügen. Daraufhin lernte ich eilig den korrekten Wortlaut der *Schahada* und nahm den Glauben des Islams an. Mein Mann sagte stets, dass jeder irgendwann „diese eine Schwester" oder einen Bruder im Islam braucht oder hat, die oder der einen weiterbringt und zu einem bestimmten Schritt verhilft. Heute, ein paar Monate später, schätze ich mich sehr glücklich und bin jeden Tag dankbar für all die Besonderheiten des Islams, die ich kennenlernen darf. Das tägliche Beten schaffe ich zusammen mit beiden Töchtern, entweder auf mir, schreiend daneben oder mitbetend. Die Tatsache, dass wir als Familie in meiner Geburtsstadt leben, hat mir den offenen Umgang mit dem Islam sehr erschwert. Dazu gehört das Offensein zu dem Thema Islam, meine vielen Überlegungen eine Kopfbedeckung zu tragen und wann und wo auch immer ich möchte zu beten, anstatt dies versteckt zu tun. Es liegt noch ein weiter Weg vor mir, um meinen Glauben zu stärken und dem Wissen des Islams gerecht zu werden. Leider haben wir bisher in unserem Umfeld keinen anderen muslimischen Kontakt, doch ich fühle mich trotzdem fast nicht mehr als Minderheit.

In meinem Fall besteht die *Umma* aus einer kleinen Community mit muslimischen Frauen und Mamas, die ich durch Instagram kennen- und schätzen gelernt habe. Wir tauschen uns über die islamischen Feiertage, Geschehnisse von unterschiedlichen islamischen Monaten und eine kindgerechte Umsetzung ihrer Inhalte aus. Ich bin unendlich dankbar, für die hanseatische Seele, die ich getroffen habe. Wenn es nicht negativ behaftet wäre, würde ich sie „meine" Hamburger Perle nennen, weil sie für mich so wertvoll ist. Tagtäglich begleitet sie mich seit fast einem Jahr in genau meinem Tempo mit ihrem besten Wissen und Gewissen durch maßgeschneiderte und islamgerechte Tipps für mich und meine Familie. Möge *Allah* sie segnen. Ich bin *Allah* so dankbar für die verschiedenen Begegnungen und für mein Leben allgemein. Der Islam vermittelt unvergleichbar viel Liebe, Zufriedenheit und Dankbarkeit. Der Islam ist so unbeschreiblich besonders und für ausnahmslos jede Lebenslage ausgerichtet, sodass alle Fragen eine Antwort finden. Ich würde mir sehr wünschen, dass mehr Menschen mit ihm in Berührung kommen, auch wenn sie nicht wie ich das Glück haben, Menschen aus einem islamischen Umfeld kennen zu lernen. Ich wünsche vor allem konvertierten Schwestern und all denen, die sich für den Glauben interessieren, dass sie sich durch eine Moschee oder die sozialen Medien vernetzen können, denn da werden sie *inschallah* immer willkommen sein und aufgenommen werden.

„ICH BIN SO,
WIE MEIN DIENER
VON MIR DENKT."
(HADITH QUDSI)

Hadiya

Ich wurde vom Mondgeflüster-Team eingeladen, an einem Buchprojekt mitzumachen. Weil ich gerne schreibe und meine Erfahrungen mit anderen teile, um sie zu inspirieren und auch zu motivieren, bin ich ihrem Ruf gefolgt und schreibe nun diese Zeilen für euch. Für jede einzelne schöne Seele da draußen, die dieses großartige Buch in ihren Händen hält. Ich hoffe, mit meiner Geschichte auch dich zu erreichen. Und ich bin sehr gespannt auf die anderen Schwestern, die hier einen Teil ihrer Lebensgeschichte mit der Welt teilen. *Bismillah*.

Ich wuchs in einer sehr religiösen Familie auf, für meine Eltern war es wichtig, dass wir islamische Werte und Moral kennen und danach leben. Meine Mutter war bzw. ist eine sehr gebildete Person; Lernen und Lehren war immer schon ihre Leidenschaft – eine Leidenschaft, die auf mich übertragen wurde. Sie war ein Großstadtmädchen, genoss Bildung von klein auf, ging zur Schule, studierte und war, bevor sie heiratete, selbst Lehrerin. Mein Vater hingegen war ein Nomadenkind, genoss eine sorgenfreie Kindheit bei seiner Familie in der Wüste im Norden Somalias, genauer gesagt in Gaalkacyo. Er musste sehr früh lernen, was es heißt, Verantwortung zu tragen und für die Familie, insbesondere die jüngeren Geschwister, zu sorgen. Eine Verantwortung, die ich mir in seinem Alter nie zugetraut hätte. Für Nomad*innen war Bildung nicht von Bedeutung, viel wichtiger war es zu wissen, wie man in der heißen

Wüste überlebt. Als er meine Mutter kennenlernte, konnte er weder lesen noch schreiben. Er lernte erst viel später, wie wichtig es ist, sich Wissen anzueignen und welche Türen uns das Wissen im Leben öffnet.

Meine Eltern kamen 1992 aus Somalia in die Schweiz. Das war für sie eine große Herausforderung, aber sie erhofften sich dadurch, ihren Kindern die Sicherheit und den Schutz gewähren zu können, die es in ihrer Heimat wegen des Bürgerkrieges nicht gab. Sie fanden hier schnell neue Freunde, die wie Familie für sie wurden, sie waren sehr sozial, waren in der Community bekannt und beliebt.

Ich wusste bereits in meiner Kindheit, dass es einen Schöpfer gibt, der unsere schöne Welt und alles darin erschuf. All das, was ich mit meinen Augen sehen konnte und was ich nicht sehen konnte. Unsere Eltern brachten uns sehr früh das Koranlesen bei, oft wollte ich aber lieber draußen spielen, als stundenlang am Küchentisch zu sitzen, um zu lernen, wie man Arabisch liest und schreibt. Später in meiner Jugend war die Beziehung zu meinem Schöpfer zwar vorhanden, jedoch noch nicht so stark, wie sie es heute ist. Mit sechzehn Jahren fing ich an, das Kopftuch zu tragen. Ich kann mich noch sehr gut daran erinnern, als wäre es gestern gewesen. Ich muss ehrlich gestehen, dass ich bereits mit sieben ein Kopftuch tragen wollte, meine Mutter es aber nicht zuließ, weil sie mich vor Mobbing schützen wollte. Als ich dann als Teenager anfing, Kopftuch zu tragen, tat ich es jedoch nicht wirklich aus Überzeugung, sondern aus Liebe zu meiner Schwester, damit wir uns gegenseitig stärken konnten. Bis heute wünschte ich, dass meine Mutter es mich schon mit sieben Jahren hätte tragen lassen, da ich zu diesem Zeitpunkt dieses Gefühl hatte, das mir mit sechzehn fehlte.

Natürlich hatte ich meine Ängste und wusste, dass mich meine Mitschüler*innen mit Fragen bombardieren würden. Am meisten Angst hatte ich vor meinem Lehrer und davor, dass ich als Kopftuchmädchen keinen Platz mehr an der Schule hätte. Ja, es war eine Horrorvorstellung. All diese Vorstellungen waren jedoch nur meine Gedanken, denn mein Lehrer störte sich nicht an meinem neuen Erscheinungsbild, ebenso wenig meine Mitschüler*innen, was mich natürlich sehr überraschte und erleichterte.

Einzig und allein ein Fachlehrer, den ich eigentlich mochte, fühlte sich durch mein neues Erscheinungsbild gestört und brachte das auch gerne zum Ausdruck, indem er mir in den ersten Wochen immer wieder mitten im Unterricht Fragen über meine Religion, den *Hijab* und die Rolle der Frau im Islam stellte – was er selbstverständlich davor nie getan hatte. Ich fühlte mich bloßgestellt, da ich der Meinung war, dass solche Fragen und Themen nicht in den Unterricht gehörten. Natürlich war ihm auch bewusst, dass es mir unangenehm war und er durch sein Verhalten seine Kompetenzen als Lehrer deutlich überschritt, aber anscheinend war es ihm egal. Ab diesem Zeitpunkt war mir klar – auch wenn die anderen ihn mochten –, dass er mich nicht ausstehen konnte und ich ihn als Lehrer und die Fächer, die er unterrichtete, buchstäblich hasste.

Ab Anfang zwanzig begann ich, meine Religion zu lieben. Ich war glücklich und zufrieden mit meinem Glauben, auch wenn es im Alltag nicht immer einfach war. Hier suchte ich intensiv die Bindung zu meinem Schöpfer. Ich war interessiert daran, mir Wissen anzueignen, kaufte online aus Deutschland islamische Bücher, nahm in verschiedenen Moscheen an islamischen Vorträgen teil, suchte mir muslimische, praktizierende Freundinnen. Diese neuen Freundinnen motivierten mich und gaben mir das Gefühl, nicht allein mit meinen Sorgen zu sein. Sie gaben mir ein Gefühl von Zugehörigkeit und Wertschätzung.

Die Bindung zu meinem Schöpfer war zu dieser Zeit mal stark, mal weniger stark. Es gab Zeiten, wo ich es nicht einfach hatte im Leben und mir Kraft und Halt von *Allah* erhoffte, da ich wusste, dass ihm das, was gerade in meinem Leben passierte, nicht gleichgültig war. Ich betete viel, er möge mir Geduld schenken und mir Türen für schöne Veränderungen öffnen.

Wenn diese Herausforderungen und Schmerzen vergangen waren, vernachlässigte ich meine Gottesdienste. Stell dir mal vor, du hast eine Freundin, die nur dann Kontakt zu dir sucht, wenn sie etwas von dir braucht, und wieder geht, wenn sie bekommen hat, was sie wollte. Wie würdest du dich dabei fühlen? Wäre das fair? Die Beziehung zu *Allah* war für mich nichts anderes als die zu einer wichtigen Person, die mir nahesteht und zu der ich nur dann gehe, wenn ich etwas brauche. Der Gedanke daran gefiel mir überhaupt nicht. Ich wollte mit meinem Schöpfer nicht nur dann ein inniges Gespräch führen, wenn ich ihn am meisten brauchte, sondern ich wollte eine aufrichtige, liebevolle Beziehung zu ihm aufbauen.

Die wahre Liebe zu *Allah* ist weder zeitlich noch örtlich begrenzt. Wenn man das als gläubige Muslimin einmal erkannt hat, bringt es unserer Seele Frieden. Wir beginnen dann, die Süße des Lebens, des Glaubens zu kosten, und wenn man einmal auf den Geschmack gekommen ist, möchte man ihn nie wieder verlieren.

Ich habe gelernt, dass Herausforderungen in unserem Leben einfach dazugehören. Durch Herausforderungen entwickeln wir auch eine ganz andere Beziehung zu uns selbst. Wir entdecken neue Seiten an uns, die uns vorher gar nicht bewusst waren. Fähigkeiten kommen zum Vorschein, die tief in uns schlummerten. Auch habe ich das Gefühl, dass wir nicht wirklich bewusst unser Leben leben und viele Jahre dahinziehen, ohne wirklich die Liebe *Allahs* gespürt zu haben. Erst wenn Herausforderungen kommen, werden wir wachgerüttelt. *Allah* möchte, dass wir zu ihm zurückkehren.

Dass wir ihm näherkommen. Als ich auf die Dreißig zuging, fing ich an, mein Leben intensiv zu reflektieren und zu schauen, was ich bis jetzt erreicht habe und woran ich noch arbeiten muss.

Oft haben wir das Gefühl, nicht gut genug zu sein, um seine Liebe zu spüren, und diese Gedanken halten uns davon ab, gewisse gottesdienstliche Handlungen zu verrichten. Meistens sind es aber unsere Gedanken und Einflüsterungen, die uns davon abhalten, den Weg zu gehen, den *Allah* für uns will.

Heute, mit fast dreiunddreißig Jahren, kann ich sagen, dass unser spiritueller Weg sehr vielfältig ist und jede von uns ihre eigenen Erfahrungen macht. Dass jede von uns in ihrem eigenen Tempo geht. Einige gehen etwas schneller, andere etwas langsamer. Das Wichtigste ist aber immer, das Ziel vor Augen zu haben, um es auch zu erreichen. Keine Frage, uns werden Steine in den Weg gelegt werden, wir werden Hürden meistern, von denen wir uns niemals vorstellen können, dass wir in der Lage sind, sie zu überwinden. Unsere Bestimmung im Leben als gläubige, muslimische Frauen wurde schon festgelegt. Es liegt an uns, diese Bestimmung auch wahrzunehmen, den Weg zu gehen, den *Allah* für uns auserwählt hat, und endlich Verantwortung für das eigene Handeln zu übernehmen – auch wenn es manchmal nicht einfach ist. Mit Hoffnung im Herzen und Vertrauen auf *Allah* können wir (mit seiner Hilfe) das Unmögliche möglich machen.

Wir alle sind Suchende, und was uns das Suchen am meisten erleichtert, ist das Wissen. Falls du auf der Suche bist, unabhängig davon, ob du eine geborene Muslimin bist oder nicht, öffne dein Herz für das, was *Allah* dir schenken will. Den ersten und größten Schritt, den du machen kannst, ist, zu schauen, wie deine Beziehung zu ihm aussieht. Schau genau hin, was du für eine Vorstellung von *Allah* hast – sind das eher schöne oder eher angsteinflößende Gedanken? –, und überlege dir, weshalb du diese inneren Bilder hast. Welche möchtest du weiterhin behalten, von welchen möchtest du dich lösen und wie?

„Ich bin so, wie mein Diener von mir denkt."

(Hadith Qudsi)

Möge *Allah* jeder Einzelnen von uns die Last, die wir mit uns herumtragen, nehmen, damit wir frei im Glauben wandern können – im tiefen Vertrauen darauf, dass seine Pläne für uns immer größer sein werden, als unser größter Traum.

Oh *Allah*, erinnere uns immer daran, dass deine Barmherzigkeit größer ist als all unsere Sünden.

Oh *Rabb*, zeige uns den klaren Weg und erleuchte ihn uns, damit wir die Wahrheit klar mit unseren Augen und Herzen erkennen, lieben und danach leben können. Bei all deinen majestätischen Namen bete ich.

ALLAH NAH ZU SEIN BEDEUTET AUCH, MIR SELBST NAH ZU SEIN

Dua Mulas

Als ehemalige Christin, die in einem italienischen Haushalt aufwuchs, war der Glaube an Gott immer ein Bestandteil meines Lebens. Natürlich verstand ich damals noch nicht, was es bedeutet, auch wenn ich sicher war, dass Gott mich immer beschützt hat.

Als ich mir mit achtzehn Jahren die Frage stellte, „Warum bin ich Christin?", musste ich mich zunächst mit einer sehr ernüchternden Antwort abfinden. Ich war Christin, weil meine Eltern mich nach diesem Glauben erzogen hatten. Schnell kam der Wunsch in mir auf, mehr über das Christentum zu erfahren, denn schließlich trug ich völlig selbstverständlich eine Kreuzkette um den Hals und besuchte als Teenie wöchentlich die Jugendgruppe einer Kirchengemeinde. Also schnappte ich mir einige Bücher und legte los.

Je mehr ich über Religionen las, desto besser konnte ich Vergleiche zwischen den drei monotheistischen Weltreligionen ziehen. Ich war fasziniert von den Prinzipien im Islam und deren Erläuterungen, auch wenn ich das keineswegs geplant hatte. Im Gegenteil, ich erinnere mich noch sehr gut daran, wie ich damals mit einer Freundin im Auto saß und wir beide laut tönten, dass wir es niemals in Erwägung ziehen würden, den Islam als Religion anzunehmen, für nichts und niemanden. Auch wenn es schon einige Zeit zurücklag, hielt ich damals meine Begeisterung für den Islam erst einmal geheim, bestand mein enger Freundeskreis hauptsächlich aus Nicht-Muslim*innen. Ich führte meine Recherche fort und konzentrierte mich auf den Islam. Ich lernte einiges zu den Themen Gottesbild, Menschenwürde, Gleichwertigkeit von Mann und Frau, zwischenmenschliche Beziehungen, dem Prinzip der Vergebung, Gerechtigkeit und vieles mehr. Es fehlte mir nur noch das Wichtigste aller Bücher, der Koran. Also begann ich ihn zu lesen. Meine Fragezeichen im Kopf wandelten sich allmählich zu Ausrufezeichen, und innerhalb eines Jahres stand für mich fest:

„asch-hadu anla ilaaha il-lal-laah, asch-hadu an-na muham-madan rasuulul-laah."

„Ich bezeuge, dass es keinen Gott außer Allah gibt, ich bezeuge, dass Muhammad Allahs Gesandter ist!"

Das Nachdenken über das Christentum, das Nachdenken über das „Warum?" führte mich, mit *Allahs* Erlaubnis, zum Islam. Es ist interessant, wenn wir bedenken, wie häufig *Allahs* Worte genau dazu aufrufen, eigenständig nachzudenken: „Wollt ihr denn nicht nachdenken?" (Koran 6:50)

Man könnte annehmen, dass mit dem Aussprechen des islamischen Glaubensbekenntnisses meine Reise endete, doch stattdessen intensivierte sie sich.

Wer ist *Allah*?

Zu wissen, dass es *Allah* gibt, ist das eine, *Allah* zu kennen, etwas völlig anderes.

Es ist ähnlich wie mit einer Person des öffentlichen Lebens. Wir sind davon überzeugt, dass sie existiert, wir sehen ihre Fotos und Videos überall, doch das heißt nicht, dass wir diesen Prominenten tatsächlich kennen. *Allahs* Existenz anzuerkennen, war mir zu wenig. Ich wollte unbedingt verstehen, wie mein Schöpfer ist und handelt, ich wollte ihn kennenlernen.

Da lag es nahe, dass ich dazu die beste Ansammlung seiner Eigenschaften und Worte zur Hand nahm, den Koran. So stärkte ich meine Liebe zu *Allah*.

„Allah kennt das Geheime und das noch Verborgenere." (Koran 20:07)

Ich fragte mich: Was kann verborgener sein als ein Geheimnis?

Doch da gibt es etwas, in jedem von uns. Es gibt Dinge, die wir verheimlichen und dann gibt es noch das, was wir über uns selbst noch gar nicht wissen.

Die Reise zur Selbsterkenntnis gleicht einer Geisterbahnfahrt. Entweder wir meiden sie gänzlich oder sind zögerlich, denn mit jedem Schritt, steigt die Sorge, auf etwas zu stoßen, das uns Angst bereitet. Ich erkannte, ich habe Geheimnisse. Geheimnisse vor mir selbst.

Mit diesem Eingeständnis und dem nötigen Mut, begann mein Weg zur Selbsterkenntnis.

Wie könnte ich also nicht denjenigen kennenlernen wollen, der mich besser kennt, als ich mich selbst! Ich lernte, dass *Allah* nah zu sein auch bedeutet, mir selbst nah zu sein.

DIE SANDUHR

Gül Beyaz Kılıç

Es gab einmal vor langer Zeit und doch ist es, als ob es heute wäre, eine Sanduhr. Eine Sanduhr mit Spiegelrändern. Jeder, der diese Uhr betrachtete, glaubte, unendliche Sandkörner zu sehen und konnte die Anzahl der Sandkörner nicht erfassen. Manche von ihnen, so erzählte man, waren sogar so motiviert, dass sie begannen, die Sandkörner zu zählen. 21, 59 …, 1453 … Bis sie vergaßen, was sie zählten, oder die Zahl, die im Anschluss folgen musste.

Manch andere, die diese Sanduhr sahen, verfluchten sie. Denn sie glaubten, sie sei schwarze Magie. Es soll sogar welche geben, die sich in sie verliebten und ihre Denkfähigkeit einbüßten.

Während so viele Menschen diese Sanduhr verfluchten oder sich in sie verliebten, sie anstarrten oder sie vermieden, gab es ein kleines Mädchen, die nach ihrer ersten Begegnung die Uhr erforschen wollte. Warum sprachen alle so unterschiedlich über diese Uhr? Wie funktionierte sie?

Jeden Tag ging sie mit dem Sonnenaufgang an den Fluss, an dem sich die Uhr befand, und sah, dass diese sich stets bewegte.

Am ersten Tag sah die Uhr so groß und prächtig aus, sodass es schien, als könne man sich ihr nicht annähern. So riesig kam die Uhr dem kleinen Mädchen vor. Sie schaute sich die Ereignisse den ganzen Tag an und ging mit dem Sonnenuntergang wieder nach Hause.

Am zweiten Tag stand sie angestrengt auf und versuchte, sich an all die Erzählungen und Beschreibungen anderer zu erinnern, während sie selbst vor der Uhr saß.

Am dritten Tag bemerkte sie an den Verzierungen der Uhr etwas. Sie waren nicht unheimlich, wie die anderen es erzählten. Nein, sie waren kunstvoll. Doch sie traute sich nicht, sich der Uhr anzunähern. Sie versuchte sich die Details, die sich an der rechten Seite der Uhr befanden, einzuprägen und ging wieder nach Hause.

Am vierten Tag sah sie jene Erscheinungen, die man ihr als leuchtende Lichtstrahlen beschrieben hatte. Sie waren aber gar keine Lichtstrahlen. Sie waren schmale, kleine Spiegelstücke, die sich bewegten. Sie bewegten sich entsprechend der Perspektive der Beobachterin und erzeugten, je nach Lichteinstrahlung, Bilder. Diese Erkenntnis war großartig. Sie wollte der Welt davon berichten. Auf dem Heimweg redete sie wie ein Wasserfall und mit voller Begeisterung, doch keiner hatte ein Ohr für dieses aufgeregte Mädchen, die selbst die Bilder durcheinanderbrachte (Koran 3:173). Traurig und geknickt ging sie nach Hause, bevor die Sonne unterging.

Am sechsten Tag lag sie einfach da in ihrem Bett. „Warum?" (Koran 76:1–2), fragte sie sich. Warum all die Mühe, wenn doch keiner einem zuhören wollte. Sie drehte sich von rechts nach links und von links nach rechts. Sie war lustlos und neugierig zugleich. Langsam schlenderte sie an diesem Tag zu der Uhr, rückte ein wenig näher an sie heran, sah die Sandkörner und schloss die Augen voller Müdigkeit. Aber da ... Auf einmal hörte sie etwas und erschrak. Sie schoss in die Höhe, sah sich um, aber es war weit und breit niemand zu sehen. Sie atmete ein und aus und setzte sich vorsichtig wieder hin. Noch einmal sah sie sich um. Hatte sie nicht etwas gehört? ... Sie zögerte etwas, aber schloss danach wieder die Augen. Nein, nein, sie hatte sich nicht geirrt. Sie hörte etwas. Erst war es leise. Dann wurde es immer lauter und wurde zu einer Melodie. Die fallenden Sandkörner, die kleinen Wellen im Fluss, ein Vogel direkt über ihrem Kopf und eine Brise Wind, wie eine Harfe ... Sie alle zusammen bildeten ein Orchester (Koran 13:28). Wenn sie die Augen öffnete, verstummten auf Anhieb die Geräusche. Wenn sie sie geschlossen hielt und lauschte, durfte sie die schönsten Laute der Welt hören. Entspannt öffnete sie die Augen nach einiger Zeit und sah die Sanduhr vor sich. Sie stand genau in dem Spiegelstück am rechten Fleck. Sie sah sich selbst. Sie sah, wie die Sandkörner sich bewegten. Sie bewegten sich für sie, zu jenem Augenblick, an dem sie die Sanduhr betrachtete. Sie verstand.

Der Stein, der in den Fluss fällt und Geräusche macht, die Sonne und der Mond (Koran 55:5–13), die Wege dorthin sind ihre Wege. Die Sanduhr tickt für sie. Noch ehe sie bei der Sanduhr steht, versteht sie: Jeder Moment ist ein Geschenk von ihm, der all dies erschaffen hat und ich sollte es annehmen und einsetzen. Und zwar für mich, für andere, für diese Welt.

Mit diesem Bewusstsein, dieser Erinnerung und in einem Kampf mit sich selbst, geht das Mädchen ihren Weg weiter. Bis das letzte Korn fällt und die Uhr sich für andere umdreht.

Möge unsere Zeit gesegnet sein, sodass wir sie für Gutes einsetzen.

Die Zeit, als eines der kostbarsten Güter im Leben, dient zur bewussteren Wahrnehmung von *Allah*. Auf die Frage wie ich nun zu ihm gefunden habe, kann ich mit dir ein paar Gedanken teilen.

Wie habe ich zu *Allah* gefunden?

Ich glaube, diese Frage habe ich mir zunächst anders gestellt. Als Arbeiterkind mit Migrationsgeschichte habe ich mir viel zu früh die Fragen der Erwachsenen gestellt, ihre Sorgen übernommen und mich allen verunsichernden Aspekten des Lebens gewidmet. Es ist aber im Nachhinein gut, dass es so kam, wie es kam.

Ich bin in eine Welt hineingeboren worden, in der man sich behaupten sollte, nämlich mit seinem Fleiß, aber nicht auffällig sein sollte, da man als „anders" oder „fremd" angesehen werden würde. Die Menschen um mich herum hatten bereits ihre Erwartungen an mich gestellt, ehe ich lesen, schreiben oder diese Erwartungen bewusst wahrnehmen konnte. Eine feste Rolle, die mir als Mädchen und Muslima zugeschrieben wurde, die ich mit viel Mühe und Kraft sprengen konnte. Zusätzlich zu den Inhalten, die einen im Leben bewegen, kamen diese Erwartungen von außen noch dazu.

So wie jeder Mensch hatte ich die Bedürfnisse nach Sicherheit, Anerkennung und wollte mich beweisen.

Denn mit all meinen Sorgen, wie es als Schülerin mit Kopftuch sein wird, wie ich meine Schulnoten verbessern kann, was ich benötige, um mit meinen Mitschüler*innen mithalten zu können und meine Eltern glücklich zu machen, stand ich da und musste mich stets beweisen. Zumindest glaubte ich das.

Aber nein, heute weiß ich, dass es nicht der Fall war. Heute weiß ich, dass all das eine besondere Art der Zuwendung meines Schöpfers war.

All die Prüfungen, Situationen und Menschen, denen ich begegnen durfte und begegnen werde, sind ein Zeichen *Allahs*. Mit dem Ziel, ein besserer Mensch zu werden, um für gute Zwecke eingesetzt zu werden und vor allem um mich wahrzunehmen.

Selbsterkenntnis gemäß dem Ausspruch von Yunus Emre, einem türkischen Poeten des 14. Jahrhunderts: „Wer sich kennt, kennt seinen Schöpfer."

Die Zeichen *Allahs* begleiten mich stets. Die Menschen, die ich traf, die Schönheit der Natur und alles um mich herum, dienten dazu, mich und diese eine Welt besser verstehen zu können. Welch ein wundervoller Mechanismus in meinem Körper steckt, ist ein Zeichen Gottes dafür, wie detailliert und liebevoll er mit seiner Schöpfung umgeht.

Die Güte, seinen Herren in allem, was geschieht, wahrzunehmen, ist ein Geschenk.

Meiner Meinung nach spricht *Allah* stets mit seiner Schöpfung. Alle Menschen auf dieser Erde sind seine Ansprechpartner. Eine gigantische Anerkennung und Erhöhung der Stellung des Menschen ist es, vom Allwissenden, Allerbarmenden wahrgenommen zu werden. Und zwar mit all unserem Fehlverhalten, das wir vor anderen menschlichen Geschöpfen kaschieren können, aber nicht vor dem Schöpfer.

Die Bestrebung nach Zuneigung, Akzeptanz und Zugehörigkeit wird auf höchster Stufe durch ihn und mit ihm erfüllt. Lies bitte den vorangegangenen Satz erneut.

Was würde deine Freundin über dich denken, wenn sie über dein Herz Bescheid wüsste? Oder deine Familie?

Entsprechend unserer *Fitra* (natürlichen Veranlagung), steht ein Schöpfer vor uns, der uns mit seiner unendlichen Barmherzigkeit aufnimmt. Ganz so, wie wir sind.

All die Fragen und Unsicherheiten im Leben haben sich wie schwere Lasten auf meine Schultern gesetzt. Sie waren schwer, weil ich vergaß, dass es den Versorger (*Ar-Razzaq*) gab oder ich ihn schlicht nicht verstanden hatte.

Für mein jetziges Leben habe ich eine Gewissheit: Eine Formel, die mein Leben verändert hat. Die drei

Glücksmacher: Eine reine Absicht fassen, sich auf den Weg machen und das Resultat meinem Schöpfer überlassen. Leichter geschrieben als getan, aber vielleicht sind sie ja auch dir dienlich.

Ich sehe ihn nicht nur auf dem Gebetsteppich, ich sehe ihn, wie er mich nachts in den Stand-by-Modus setzt, um mir neue Energie und Kraft zu geben. Er verschönert mein Leben mit bewundernswerten Seelen, sodass ich meine vergängliche Zeit sinnvoll und freudig wahrnehmen kann. Diese Erkenntnis ist meine Motivation und mein Motor, um all die Gaben nicht nur für mich zu beanspruchen, sondern sie möglichst weiterzugeben. Manchmal in Form eines Lächelns, manchmal indem ich irgendwo mitanpacke oder einfach etwas Neues starte.

Wir werden die Welt nicht im Großen verbessern können, aber wir können ein Licht setzen, wir können ein Lächeln hinaustragen und andere damit anstecken. Denn das ganze Universum, du, deine Liebsten, aber auch Menschen, die du weniger gut leiden kannst, und anstrengende Situationen haben den einen gemeinsamen Ursprung: die Liebe. Die Liebe der Geschöpfe zu ihrem Herrn und die Liebe des Schöpfers, zu seinen Geschöpfen.

ERFOLGREICH,
ABER WANN KOMMT
DAS GLÜCK?

Seher Danisman

Aufgewachsen bin ich in einer Familie, in der das Wort „Gott" täglich verwendet wurde. Dennoch wurde es nie tiefgründiger zur Sprache gebracht. Ich fühlte mich als junges Mädchen unter meinen Geschwistern auf dem Weg zur Moschee sehr wichtig. Gleichzeitig wusste ich nicht genau, warum wir dort hingingen. Ich erlernte das Lesen der arabischen Schrift. Wenn mich aber jemand fragte, was es bedeutete, die Sprache lesen zu können, kannte ich darauf keine Antwort. Auf die Frage, ob ich Muslimin sei, antwortete ich natürlich stolz: „JA!" Meine Zugehörigkeit jedoch zu verteidigen, als es um das Essen von Schweinefleisch ging, schüchterte mich ein. Das war mein allumfassendes Bild der Religion. Ein Bild geprägt von Unwissen und dem Glück, welches ich erfuhr, weil meine Eltern damit glücklich waren. Weniger erfreulich war es dann, als die Moschee nicht mehr da war. So musste ich nach einer Alternative Ausschau halten, die meine Eltern beglückte. Was meine Eltern auch glücklich machte, waren gute Schulnoten. Ehe ich mich versah, fixierte ich mich also nur noch darauf. So kam es, dass Gott, wie vorher auch, ein gängiger Begriff zu Hause war. Irgendwann wurde er aber gar nicht mehr thematisiert. Wohin das führte? Nun ja ... Zu einem scheinbar erfolgreichen Leben. Gute Noten führten zu einem guten Studium, einem guten Arbeitsplatz und vielen Mitteln, die mir ein selbstständiges Leben ermöglichten. So stand ich nach meinen ersten Abschlussprüfungen von der Universität am

Meer der kanarischen Inseln und strengte mich an herauszufinden, was mir fehlte, um glücklich zu sein. Die Frage beschäftigte mich auch noch auf dem Rückweg. So lange, bis die Pandemie ihren Höhepunkt erreichte und wir in unseren vier Wänden gefangen waren.

Gefangen in meinen eigenen Gedanken. Wieso bin ich nicht glücklich? Wieso erfreut mich der Gedanke an Gott? Und wieso kann ich das, was ich liebe – den Sport – nicht mit Gott vereinbaren? Diese und viele weitere Fragen waren mein Anker in Zeiten von Unsicherheit, Frustration und Ziellosigkeit. Als sei es vorherbestimmt, trat zeitnah der Ramadan, der segensreichste Monat im Islam, ein. Ich verliebte mich darin, Sport auf leeren Magen zu machen und mich trotzdem sehr stark, nein, sogar stärker als sonst zu fühlen.

So fand ich mich wieder als Gefangene mit meinen Fragen, in meinen vier Wänden, mit meiner Leidenschaft, dem Sporttreiben. Der Sport gab mir die nötige Kraft, um mich nicht von den Gedanken der Menschen, die keinen Anker hatten, unterkriegen zu lassen. So kam es, dass ich eine Antwort nach der anderen und noch mehr als das fand! Ich fand mein Glück im Gedenken *Allahs*, dem einzig Wahren. Ich fand die Sicherheit bei *Allah*, dem Beschützer. Ich fand die Liebe zum Sport bei *Allah*, dem Allgebenden. Ich fand meine Berufung zum muslimischen Fitness-Coach bei *Allah*, dem Allwissenden. Es war ein holpriger Weg und doch bin ich dankbar, ihn gegangen zu sein.

www.assadverlag.de
Instagram: @assad.verlag

GOTT GAB MIR
EIN ZUHAUSE
Josephine El Maache

Bismillah! Der Glaube an Gott machte schon immer einen großen Teil meines Wesens aus, auch wenn ich es selbst nicht immer wahrnahm. Als ich ein Baby war, wurde ich von meiner Oma, einer pensionierten Pastorin, getauft, aber meine ersten Erinnerungen an Gott spielen in meiner Kindheit. Wir gingen nicht jede Woche, aber doch regelmäßig in die Kirche. Am liebsten war ich mit meiner Oma in der Dorfkirche. Ich mochte es, dort neben meinem Vater zu sitzen und zu lauschen, wie er die Orgel spielte, manchmal sogar das Horn; ich mochte es, wie meine Oma mir zwischen den Liedern Traubenzucker zusteckte und schrecklich laut sang. Am meisten liebte ich den Früchtetee mit viel zu vielen Zuckerwürfeln, den mir die älteren Damen nach dem Gottesdienst gaben. Ich glaube deswegen, dass ich meinen Hang zur Religiosität von meiner Oma habe. Ich war gerne in der Christenlehre.

Ein- bis zweimal die Woche trafen wir uns, sprachen über Gott, spielten Spiele, stellten Cremen her. Einmal schliefen wir sogar mit dem Schlafsack in einer Kirche. Ich suchte mir, wen würde es wundern, den Platz unter der Orgel aus. Es war etwas unheimlich, aber diese Nacht habe ich bis heute noch positiv in Erinnerung. Ich mochte auch die St.-Martins-Umzüge mit den Laternen, bei denen gesungen wurde und es anschließend Stockbrot gab, und ich liebte es, zu Weihnachten einmal das Krippenspiel in der Kirche mitzugestalten.

Doch es änderte sich allmählich etwas in meiner Familie. Wir gingen nur noch an Feiertagen in die Kirche, bis auch diese Besuche und ebenso das Beten vor dem Essen und Schlafen ganz ausblieben. Ich war noch ein Kind, vielleicht neun Jahre alt, und verstand es nicht! Es fühlte sich an, als würde mir etwas weggenommen werden. Manchmal, gerade wenn ich Angst hatte oder traurig war, betete ich allein zu Gott. Ich erinnere mich an ein Ereignis, als mein Lieblingshase in meinen Armen starb. Ich weinte nächtelang und betete dafür, dass er in den Himmel kam.

Ich erinnere mich aber auch an etwas anderes – meine Kinderbibel. Dort wurden Geschichten der Bibel mit Bildern kindgerecht erzählt. Meine Mama las mir daraus vor dem Schlafengehen vor. Einige Geschichten waren so brutal, dass sie mir Angst machten und ich Albträume bekam.

In den darauffolgenden Jahren passierte viel in meinem noch jungen Leben. Bei meinem kleinen Bruder wurde eine geistige Behinderung festgestellt, und ich musste schlagartig erwachsen werden, da mein Bruder die Zeit meiner Mutter komplett beanspruchte. Sie musste viel für meinen Bruder erkämpfen und mein Vater viel arbeiten. Meine Eltern taten ihr Bestes, uns beiden gerecht zu werden, aber sie sind auch nur Menschen ohne Superkräfte. Trotzdem hatte ich eine schöne und behütete Kindheit.

Ich wurde ein rebellischer Teenager und hatte schon bald alles Schlechte erlebt, das diese Zeit mit sich bringen kann. In dieser Phase meines Lebens vergaß ich Gott, ich behauptete und war überzeugt, nicht mehr zu glauben, und fühlte mich verloren und einsam in der Welt. Als mit 14 die Frage aufkam, ob ich mich konfirmieren lassen wolle, lehnte ich ab. Ich fühlte mich, als seien wir Lügner. Schließlich waren meine Eltern, die vorher gläubig waren, zu Atheisten oder zumindest Nicht-Praktizierenden geworden und nur der Geldgeschenke wegen wollte ich nicht ein Jahr lang zur Christenlehre und Kirche gehen. Stattdessen widmete ich meine Zeit dem schlechten Freundeskreis und erlebte einige Enttäuschungen und Probleme. Dabei litt ich auch an Depressionen mit Suizidversuchen.

Tatsächlich gab es nichts, das ich zu dieser Zeit nicht mitmachte. Es konnte jedoch nicht immer so weitergehen, und so sollte das Blatt sich bald für mich wenden.

Eines Tages wachte ich auf und begann mich zu fragen: Wer bin ich? An was glaube ich? Was ist der Sinn des Lebens?

So begann ich, meine Religion zu hinterfragen. Hatte ich überhaupt noch eine? Zweifelsfrei war, dass ich irgendwie doch an Gott glaubte und auch daran, dass es nur einen Gott gibt. Aber viele Dinge gefielen mir persönlich nicht an meiner Geburtsreligion, dem Christentum. Wie kann es sein, dass Jesus, ein Mensch, der Sohn Gottes ist? Wie kann es sein, dass Gott drei

Personen – den Vater, den Sohn und den Heiligen Geist – einschließt? Also begann ich mich nach links und rechts umzusehen, nach einer neuen, passenderen Religion. Ich las viel und befragte Angehörige anderer Glaubensgemeinschaften über Monate hinweg. Der Buddhismus gefiel mir sehr, weil ich viel Gutes aus ihm ziehen konnte, allerdings glauben Buddhisten weder an einen Gott noch an das Jenseits, was ich aber tat. Irgendwann blieb ich beim Islam hängen und beschäftigte mich immer intensiver mit den Glaubensinhalten. Ich begann, den Koran zu lesen und gleich mit dem ersten Wort wurde mir warm ums Herz und meine Fragen schienen sich von allein zu beantworten. Es war wie eine innere Heilung meiner Seele, die sich vom Herzen aus in den ganzen Körper ausbreitete.

Ich lernte eine muslimische Familie mit drei Töchtern kennen. Die Mutter war selbst konvertierte Muslima, die Mädchen alle ein paar Jahre älter als ich. Ich war so beeindruckt von ihnen! Jede für sich war so besonders und anders als die anderen. Ich befragte meine muslimischen Freundinnen und fühlte mich, statt bei meiner eigenen Familie, immer mehr bei ihnen zu Hause.

Diese (Haupt-) Gründe brachten mich letztlich dazu, den Islam für mich zu wählen:
1. Der Islam kennt die gleichen Propheten wie das Christentum und noch mehr.

2. Das heilige Buch darf nicht übersetzt werden, damit es nicht verfälscht wird.

3. Der Islam lehnt die Trinitätslehre ab. Die ungefähre Übersetzung der Sure 112 lautet folgendermaßen: „1. Sag er ist Allah, ein Einer, 2. Allah ist der Überlegene, 3. Er hat nicht gezeugt und ist nicht gezeugt worden, 4. und niemand ist ihm jemals gleich."

5. Muslime haben eine tolle Gemeinschaft, die mich beeindruckt hat und nach der ich mich lange gesehnt habe. Es fühlt sich wie eine große Familie an.

6. Der Koran enthält viele wissenschaftliche Fakten, die zum Teil erst Jahrhunderte später bestätigt wurden.

Natürlich hat der Islam viele Regeln, die viele Menschen sich nicht aufbürden möchten, aber für mich war es fantastisch. Bei den Problemen, die ich hatte, kam eine Art Lebensanleitung in Form des Islams genau richtig: Sie rettete mich, ließ mich auf gleich meine Depressionen vergessen, weil ich meinen Sinn im Leben fand. Ich war das erste Mal richtig von etwas überzeugt.

Ich erinnere mich sehr genau an den Tag, an dem ich konvertierte, denn jedes Mal, wenn ich daran denke, bekomme ich wieder Gänsehaut. Es dauerte tatsächlich nur drei Monate, bis der Tag gekommen war – von dem Beginn des Interesses für den Islam bis zur eigentlichen Konvertierung. Am 17. November 2015, ich war 15 Jahre alt, konvertierte ich in Hamburg in einer wunderschönen Moschee. Der Imam war sehr nett und befragte mich erst über meine Beweggründe, denn keiner sollte aus Spaß eine Religion annehmen. Anschließend sprach er das Glaubensbekenntnis auf Arabisch vor und ich sprach es nach. Dabei war ich so berührt, dass mir die Tränen flossen. Ich bekam die Worte kaum fließend über die Lippen, obwohl ich sie so oft geübt hatte. Meinen islamischen Namen suchte ich mir ein paar Monate später aus und trug von nun an den islamischen Namen Anisah, was so viel wie „friedliebende Frau" bedeutet. Mein Geburtsname Josephine bedeutet so viel wie „Gott fügt hinzu" und tatsächlich gab mir Gott etwas – den Islam! Das war mit Sicherheit der größte Schritt auf meinem Weg zu Gott.

Von diesem Tag an war ich Muslima. Gott, zu dem ich zurückfand, wurde für mich zu *Allah*, und ich war neu geboren. Aber die Umstellung brauchte Zeit. Jeder Mensch hat sein eigenes Tempo und seine eigenen Prioritäten. Keiner von uns ist perfekt. Das Wichtigste ist, dass wir nicht auf der Stelle treten, sondern versuchen, in allen Dingen voranzukommen, auch in der Charakterbildung und unserer Religion. Also versuchte ich, das Gebet zu erlernen und mir Wissen anzueignen. Das war und ist der schwierigste Weg auf meiner Reise, denn als Muslim*innen haben wir nie ausgelernt. Wir dürfen uns nie auf dem ausruhen, was wir geleistet haben, sondern sollten nach einer ständigen Verbesserung streben.

Meine Familie hat auf die Nachricht, dass ich konvertiert war, neutral reagiert. Solange ich kein Kopftuch trug, wurde es toleriert, mir wurde sogar *Halal*-Fleisch gekauft und extra gekocht, aber es wurde eben auch nicht gutgeheißen. Mein Freundeskreis hingegen brach von allen Seiten ab. Im Nachhinein ist es gut so, aber in dem Moment tat es sehr weh. Ich stand völlig allein da, aber das war in Ordnung; denn zum ersten Mal spürte ich, dass *Allah* bei mir war und es keinen Grund gab, traurig zu sein.

Nach einiger Zeit entwickelte sich bei mir der Wunsch, den *Hijab* zu tragen. Ich war zwar eine Muslima, die sich bedeckt kleidete, sah aber immer noch „deutsch" genug aus, um auf Partys eingeladen und angeflirtet zu werden. Ich fühlte mich nackt und haderte ein Jahr lang. Kurz vor meinem siebzehnten Geburtstag entschied ich mich dazu, den *Hijab* zu tragen und war unsagbar stolz. Es war der richtige Zeitpunkt. Es stand ein Schulwechsel an, und ich ging in eine Stadt, in der ich keinen kannte. Meine Familie strafte mich, indem sie mich auf der Straße ignorierte und sich über mich lustig machte. Sie konnten es nicht verstehen, schämten sich für mich und taten so, als hätte ich ihnen Unrecht getan. Ich wurde schon in der ersten Woche von Fremden angespuckt, mehrmals in der Woche beleidigt und verlor alle meine gesellschaftlichen Privilegien, z. B. bei der Job- und Wohnungssuche. Aber mein Herz konnte das erste Mal seit Jahren aufatmen, und ich verspürte eine innere Ruhe. Das konnte mir keiner nehmen. In dieser Zeit hatte ich auch den höchsten *Iman*-Level, den ich je hatte. Ich wachte ohne Wecker zum Morgengebet pünktlich auf, machte so viele Bittgebete wie möglich, betete jedes Gebet, senkte meine Blicke.

Heute bin ich seit einigen Jahren verheiratet und kann sagen, dass es stimmt, dass der richtige Ehepartner die Hälfte deiner Religion vervollständigt. Wähle deinen Ehemann weise und schaue auf seinen Charakter.

Ich durfte so vieles mit ihm lernen und ein besserer Mensch werden. Erst durch meinen Mann konnte ich *Adab* und meine Pflichten als Ehefrau und Mutter kennenlernen. Doch eine eigene Familie hat auch ihre Schattenseiten, denn als Frauen haben wir viel für unsere Familien zu erledigen. Das war auch auf meinem Weg zu *Allah* spürbar. Ich wackelte und habe manchmal noch heute Probleme: Wochen, in denen ich mich nicht zum Beten aufraffen konnte, Monate, in denen der Koran einstaubte ...

Ich erlebe immer wieder Phasen im Leben, in denen ich mich nicht aufraffen kann und nichts hinbekomme. Ich glaube, das ist menschlich. Wir sind nicht perfekt und es gehört dazu, aber wir sollten versuchen, uns zu bessern. Ich weiß, *Allah* hat mir das Geschenk gemacht, Muslima sein zu dürfen. Ich weiß, *Allah* sieht mich, egal wie allein ich mich manchmal fühle. Ich weiß, dass ich mit *Allahs* Hilfe Erleichterung finde. Seit ich konvertierte, habe ich – *Alhamdulillah* – ein großes Gottvertrauen und kann leichter und glücklicher durchs Leben gehen. Ich weiß, *Allah* hat meinen Weg vorbestimmt und ich werde das für mich Vorgesehene ernten, solange ich mich stets bemühe. Aber bin ich heute wirklich bei *Allah* angekommen? Ich würde sagen, dass das nicht möglich ist. Wir werden nie vollkommen sein. Das Leben ist ein Versuch auf dem Weg zu *Allah*. Immer einen Schritt näher – und doch gibt es Rückschläge.

Nun habe ich meine Religion zum Beruf gemacht und schreibe islamische Bücher. Ich bemühe mich, eine Brücke zwischen Muslim*innen und Andersgläubigen zu bauen. Ich bin glücklich, diesen Weg für mich gewählt zu haben.

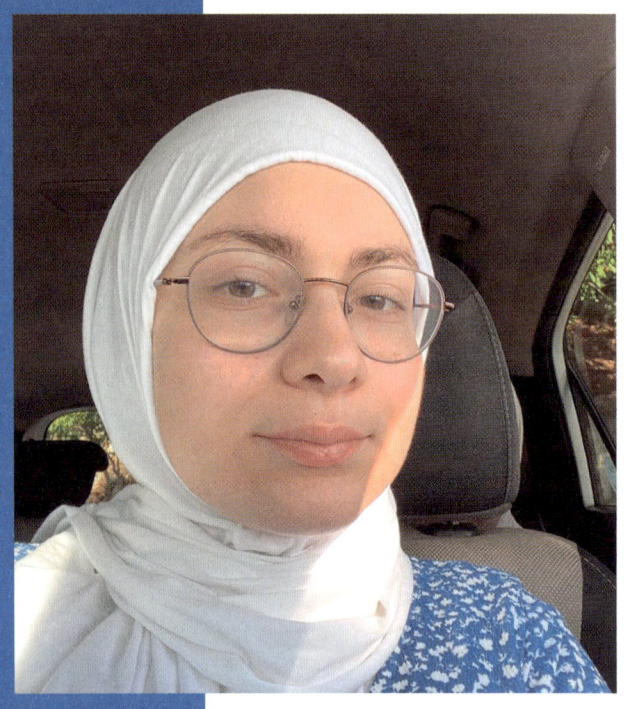

ICH WOLLTE
AUS LIEBE ZU IHM
GLAUBEN

Ayşe Irem Korkmaz-Tuncer

Mein sechsjähriges Ich würde sagen, dass sie eine sehr streng islamische Kindheit durchleben musste und deshalb nur zur Hälfte Spaß daran hatte, Kind zu sein. Ich komme aus einer Familie mit islamischen Lehrern, was dazu führte, dass ich den Islam sehr früh kennenlernen durfte. Jedoch würde ich heute mit dreiundzwanzig Jahren behaupten, ich lebe einen völlig anderen Islam, als es meinem sechsjährigen Ich beigebracht wurde.

Die meiste Zeit, wenn über Religion gesprochen wurde, wurden viele Verbote und Strafen erwähnt. Gerade die Hölle und die schlimme Seite nach dem Tod wurde mir so tief eingebläut, dass ich als Kind oft Angst vor *Allah* hatte. Es ist sehr kontraproduktiv, gerade für Kinder, denen man die Religion näherbringen möchte, mit der „schlimmen Seite" der Religion anzufangen, von der *Allah* im Koran sagt, dass allein die Angst, die du spürst, während du die Zeilen darüber liest, wie schlimm das Höllenfeuer ist, dich von diesem befreit. Jedoch habe ich das erst später durch eigene Recherche erfahren.

Schon immer war ich ein emotionales Kind und sehr nah am Wasser gebaut. Ich erinnere mich an eine Nacht, in der ich vor lauter Weinen nicht schlafen konnte, weil ich so große Angst hatte. Meine Tante kam in den Raum und fragte, warum ich weine, und ich sagte, dass ich Angst habe vor dem Tod. Sie erklärte mir, dass der Tod etwas Schönes sei, weil wir die Chance hätten unserem

Propheten zu begegnen und ins Paradies zu kommen. Natürlich wollte ich dem Propheten begegnen, aber das meinte ich nicht. Also sagte ich: „Ich habe Angst vor der Hölle." Sie antwortete: „Das solltest du auch haben."

Wie alt ich war, kann ich nicht sagen, jedoch weiß ich, dass ich sehr jung war und niemals mit so einer „Aufmunterung" gerechnet hätte. Heute denke ich, dass sie wahrscheinlich recht hatte und wir uns fürchten sollten vor der Hölle, denn alles Schlechte erhält seine Strafe irgendwann, aber einem Kind das so offen zu sagen, empfinde ich dennoch als nicht richtig. Außerdem ist der Islam so schön und vielseitig, warum anfangen an einer Stelle, bei der jedem die Lust vergeht, weiter zuzuhören? Viele Jahre habe ich meinem Schöpfer, getrieben von der Angst vor dem Höllenfeuer, gedient.

Oft habe ich mich selbst beschuldigt, weil ich keine aufrichtige Liebe und Bindung fühlen oder aufbauen konnte. Heute weiß ich, dass Angst nur einer der Beweggründe der Menschen ist, um zu glauben. Jedoch war dieser nicht der richtige Grund für mich. Ich wollte aus Liebe zu ihm glauben, beten, Gutes tun und nicht, weil ich nicht in die Hölle kommen möchte.

Seit meiner Kindheit habe ich viele Moscheen besucht, in denen ich gelernt habe, wie mein Glaube funktioniert und wie ich eine gute Dienerin für meinen Schöpfer sein kann. Noch heute begleiten mich viele Erinnerungen von damals und vieles von dem, was ich gelernt habe, hat sich automatisch in meinen Alltag integriert und in mein Handeln eingebrannt. Noch bis 2021 habe ich manche Sachen mit: „Ja, weil ich das so gelernt habe" gerechtfertigt, weil es mir so beigebracht wurde und ich es nie hinterfragt habe. Mir wurde auch nie gesagt, dass es gut ist zu hinterfragen. Ich dachte immer, dass Religion alles ist, was mir mitgegeben wurde, und dass ich kein Recht darauf habe, mich nach dem „Warum?" zu fragen.

Wahrscheinlich, weil es innerhalb unserer Kulturkreise nicht gerne gesehen wird, eine eigene Meinung zu haben, gerade wenn du jünger bist und die Älteren dir sagen, wie die Sachen laufen. Wenn du hinterfragst, nur um einfach zu verstehen oder auch weil du eine andere Meinung vertreten möchtest, giltst du heute noch als respektlos. Keiner sagt dir, dass *Allah* möchte, dass du hinterfragst, damit du lernst. Viele von uns können gerade deshalb die eigene Religion Nicht-Muslimen nicht erklären, weil uns immer nur gesagt wurde: „Das ist einfach so, Allah möchte das so." Mit vierzehn wurde ich auf eine Koranschule in Istanbul geschickt, für ein Jahr. Abgesehen davon, dass es eine lehrreiche Zeit war, wenn ich zurückblicke, und ich viele Menschen getroffen habe, mit denen ich heute noch in Kontakt stehe, ist es nicht gerade etwas gewesen, worauf ich als Vierzehnjährige wirklich Lust hatte. Mein Ziel war es eigentlich, nur die Zeit zu überstehen, weshalb ich, als ich zurück nach Deutschland kam, meine neu gewonnenen Angewohnheiten, wie das Beten, vernachlässigt habe. Irgendwann, als ich in meinem Bett lag und niemand zu Hause war, wollte ich etwas aus der Küche holen. Auf dem Weg dorthin sah ich den Gebetsteppich im Wohnzimmer und irgendwas in mir sagte: „Los, du hast lange nicht mehr."

Ich nahm die Gebetswaschung vor und betete das Mittags- oder Nachmittagsgebet. Es war lange her seit meinem letzten Gebet. Ich hatte vergessen, wie sehr es mich erfüllte und wie sehr ich die Nähe meines Schöpfers brauchte. Gespräche mit *Allah* waren mir schon immer die liebsten. Einmal bin ich auf dem Gebetsteppich eingeschlafen und meine Mutter kam aufgeregt in mein Zimmer und dachte, ich wäre verstorben. Bis zum Jahr 2019 habe ich es geschafft, meine Gebete nicht zu vernachlässigen. Sich fünfmal am Tag Zeit zu nehmen für den Grund, weshalb du existierst, war selbstverständlich geworden. Bis ich nicht mehr existieren wollte.

Ich habe angefangen, nur an *Allah* zu denken, wenn ich wirklich keinen Ausweg aus manchen Situationen mehr wusste, habe mich beschwert, geschrien, geheult, aber niemals bedankt. Nicht einmal, wenn ich manchmal bekommen habe, worum ich bat. Ich dachte, niemand kann gut genug sein, um ins Paradies zu kommen. Jeder Mensch sündigt, also kommen wir sowieso alle in die Hölle. Wie kann ein Schöpfer denn so böse sein?

Damals war ich so blind, dass ich alle Eigenschaften *Allahs* einfach ignoriert habe. Natürlich war mir klar, *Allah* wurde schon immer barmherzig und allvergebend genannt, aber würde er mich so sehr lieben, dass er mir vergibt, würde ich doch nicht leiden, oder? Heute weiß ich, dass *Allah* möchte, dass wir sündigen, um zu sehen, ob wir Reue zeigen. Es ist nämlich unmöglich, nicht zu sündigen. Dieser Fakt macht es auf keinen Fall gut, geschweige denn wünschenswert zu sündigen, weil man vielleicht denken könnte, dass *Allah* einem sowieso vergibt. Jedoch glaube ich, dass es nichts Menschlicheres gibt, als eine Sünde zu begehen, auch unbewusst, und dann zu bereuen.

Nie habe ich daran gedacht, dass alles, was passiert, seine Gründe hat, *Allah* einen Menschen auf die schönen Momente warten lässt und dass es noch nicht zu Ende ist, solange es kein gutes Ende hat. Und auch damals habe ich nur an eine Sache gedacht, die mir als Kind mitgegeben wurde: *Allah* stellt nur Menschen vor Herausforderungen und Schwierigkeiten, die er wirklich liebt. Ich wusste nie, ob es stimmt, weil ich es nie hinterfragt habe. Heute interpretiere ich diesen Satz völlig anders. Ob mein Schöpfer mich brechen würde, weil er mich liebt? Ich denke nicht. Aber sind wir nicht auf dieser Welt, um eine Prüfung abzulegen und sind Prüfungen nicht meistens sehr anspruchsvoll? Ich würde sagen: Ja. Liebt *Allah* mich, egal ob ich vor schwierigen oder leichteren Herausforderungen stehe? Definitiv.

Heute habe ich immer noch Schwierigkeiten meine Gebete einzuhalten oder mich nicht sofort aufzuregen. Jedoch lernte ich zu hinterfragen, um zu verstehen und die Religion für mich selbst kennenzulernen. Noch immer befinde ich mich in dem Prozess des Lernens. Ich denke nicht, dass wir jemals aufhören werden zu lernen. Seit mein Mann in meinem Leben ist, hat sich mein Interesse am Lernen und am „Etwas-Tun" für meine Religion verstärkt. Ich denke, wenn du Freunde oder einen Lebenspartner findest, die dasselbe anstreben wie du, ist es viel leichter anzufangen. Ich möchte meinen Mann mit mir gewinnen sehen und auch, dass wir im Jenseits zusammen das Paradies betreten können. Mir ist bewusst, dass wir dafür mehr tun müssen, um uns für *Allah* zu lieben. Während ich diese Zeilen schreibe, mit 23 Jahren, frisch verheiratet und mitten in meinem Architekturstudium, kann ich sagen, dass es noch immer Zeiten gibt, in denen ich das Gebet vergesse oder die Regelmäßigkeit nicht einhalten kann. Noch immer versuche ich, mein Verhalten von Tag zu Tag zu verbessern und vorbildlich für meine Religion zu handeln. Nicht, weil es mir so eingeredet wird, sondern weil ich es möchte. Und das ist das Wichtigste. Aus eigenem Willen zu handeln, aus Liebe zu *Allah*, dem Propheten und seiner Religion.

Ich weiß, dass es in Ordnung ist, Fehler zu machen, solange man sie aufrichtig bereut und nicht immer wieder begeht, weil ich ein Mensch bin und *Allah* der

Allverzeihende ist. Respektlos bin ich nicht, wenn ich versuche, ihm näherzukommen, und dafür viele Fragen stelle und nicht alles direkt so glaube, wie mein sechsjähriges Ich geglaubt hat. Und ich weiß, dass *Allah* mich in keinem Szenario hasst, egal was ich tue, weil ich dabei bin, den schönsten Weg für mich in seine Richtung zu kreieren. Er weiß es, er ist der Allwissende.

WAS IST DER SINN DEINES DASEINS?

Es ist eine ewige Suche mit einer, keiner oder vielleicht mehreren persönlichen Antworten. Um einer Antwort näherzukommen, ist eine individuelle Definition von „Sinn" notwendig. Für die eine beschreibt es eine göttlich bestimmte Lebensaufgabe, für die andere den bedingungslosen Schöpfungsgrund. Eine philosophische Frage eröffnet die nächste und so kommt man nicht darum herum, sich auch die Frage zu stellen, wann eine Lebensaufgabe erfüllt ist bzw. ob sie überhaupt erfüllt werden kann. Denn vielleicht ist vielmehr der Weg das Ziel und somit der Sinn des Lebens die Suche nach dem Sinn selbst.

DER SINN WAR
VERBORGEN, KLEIN
UND SCHWARZ UND
SASS IM GEBÜSCH

Sara Zorlu

Ich habe die Überzeugung, dass jedes Pflänzchen, jeder Stein, jedes Tier und jeder Mensch, einfach jedes Lebewesen und jegliche Materie seinen Schöpfungsgrund hat. So wie Steine abhängig von ihren Bestandteilen und Mineralien bestimmte Färbungen und Nutzen haben, hat die Diversität der Menschen sicher ebenfalls einen Grund.

Unser Charakter, unsere Erziehung, Talente und Erfahrungen führen uns zu unterschiedlichen Entscheidungen und Handlungen. Doch unsere Handlungen führen nicht immer zum von uns gewünschten Erfolg. Während es einfacher wäre, ein erfolgreiches Ergebnis als sinnhaft zu bezeichnen, so fällt es einem sehr schwer, Misserfolg einen Sinn zu zuschreiben.

Entscheidet nicht das Schicksal über Erfolg und Misserfolg? Bestimmt also unser Schicksal den Sinn unseres Lebens? Wenn wir das Schicksal nicht kennen, wie können wir also den Sinn unseres Daseins erahnen?
Ein tierlieber, naturverbundener Mensch sieht in einem Vogel ein farbenfrohes Prachttier mit wunderschönem Gesang. Ein Koch wiederum riecht das Geflügel-Festmahl, und ein Mensch, der unter Ornithophobie leidet, sieht Gefahr. Man möchte meinen, dass die Begegnung mit dem einen oder der anderen für den Vogel über Leben und Tod entscheidet.

Doch wer entscheidet, wem er wann begegnet?

Ich möchte eine kurze Geschichte erzählen, die meinem Vater tatsächlich widerfahren ist. Eines Morgens stand er auf und sah einen wunderschönen Schmetterling im Zimmer herumfliegen. Da er in Eile war, um zur Uni zu fahren, versprach er dem Schmetterling, ihn am Abend aus dem Fenster in die Freiheit zu entlassen. Als er abends erschöpft nach Hause kam, vergaß er leider sein Versprechen und schlief ein. So erging es ihm zwei Tage, und der Schmetterling verweilte im Zimmer. Als mein Vater ihn am dritten Tag erblickte, erschrak er und war entschlossen, sofort sein Versprechen einzulösen. Er nahm den Schmetterling vorsichtig in seine Hand, stieß das Fenster auf, öffnete seine Handfläche, und noch bevor er „auf Wiedersehen" sagen konnte, landete ein schwarzer kleiner Vogel auf seiner Hand, nahm blitzschnell den Schmetterling in seinen Schnabel und flog davon. Verdutzt und fasziniert zugleich blieb mein Vater am Fenster zurück. Am Anfang der Geschichte hätte man meinen können, dass der Sinn der Begegnung zwischen meinem Vater und dem Schmetterling darin lag, das Leben des Schmetterlings zu retten. Doch der eigentlich vorherbestimmte Sinn war verborgen, klein und schwarz, saß im Gebüsch und wartete auf seine Nahrung. Diese erlebte Lebensweisheit, die mir meine Eltern bereits erzählten, als ich klein war, hat meine Wahrnehmung vom Schicksal nachhaltig geprägt: So abwegig, surreal und unerwartet das Schicksal sein kann, so missverständlich ist auch der Sinn unserer Handlungen.

Kann man überhaupt handeln, wenn man keinen Sinn darin sieht?

Ich möchte jeden Tag und mein ganzes Leben lang Sinn stiften. Das bedeutet, dass ich Dinge tun, sagen, anregen, unterstützen oder lernen möchte, die einem Element der göttlichen Schöpfung, ihrem Kreislauf, ihrem Erhalt und ihrer Entwicklung dienlich sind. Um seinen eigenen „Nutzen" kennenzulernen, muss man – meiner Meinung nach – nach seinen eigenen Bestandteilen und Eigenschaften fragen. Manche Steine sind so robust, dass man seine vier Wände damit mauern kann, und andere so weich, dass man mit ihnen schreiben kann. Solange man aber nicht weiß, welchen Stein man in der Hand hält, ist es nicht möglich, ihren Nutzen festzustellen. Betrachtet, schleift, brennt oder teilt man ihn, kann man durch langes Experimentieren herausfinden, wozu der Stein geeignet ist. Diamanten wie auch Talk sind Mineralien bzw. Steine. So wie sie sich in ihrem Härtegrad unterscheiden, tut es auch ihr Nutzen, was aber nicht bedeutet, dass der eine oder andere mehr oder weniger Sinn hat. Manche verbringen ein Leben damit, ein Mineral zu erforschen, und manchmal vergehen mehrere Leben, und das Mineral bleibt ein Geheimnis.

Was sind also meine Bestandteile und Eigenschaften?

Ich behaupte, dass ich nur dann bestmöglich Sinn stiften kann, wenn ich die mir von Gott gegebenen Kompetenzen erkenne, nutze und ihnen damit gerecht werde. Sich in seine eigenen Bestandteile zu zerlegen, ist nicht immer sehr angenehm. Nicht selten kostet es Kraft und schlaflose Nächte, in denen sich einer oder einem die vermeintlich giftigen, explosiven oder weichen Bestandteile der eigenen Persönlichkeit nicht erklären. Welchen Sinn hat es, dass diese in mir bestehen? Jedes Gift ist auch ein Gegengift, und jede Explosion kann einen Funken für ein Lagerfeuer oder einen Brand erzeugen. Die Dosierung ist also entscheidend für die erfolgreiche Handlung. Während viele allerdings unter Erfolg das Erreichen eines vorher gesteckten Ziels verstehen, verstehe ich unter dem „wahren Erfolg" den versteckten Sinn hinter unserem Ergebnis. Ich habe über die Jahre gelernt, mich mit all meinen Bestandteilen und Eigenschaften anzunehmen und zu lieben. Je nach Handlung muss ich meine Bestandteile sinnvoll dosieren. Es ist menschlich, mit der richtigen Dosierung ein bestimmtes Ergebnis, das man selbst als erfolgreich definiert, anzustreben bzw. zu erwarten.

Es ist, wie wenn man sich für eine Prüfung vorbereitet. Man lernt die Dinge, von denen man erwartet, dass sie bei der Prüfung zum Ziel führen und investiert unter anderem viel Fleiß, Arbeit, Zeit, Geduld und Kraft in die Vorbereitung. Bevor ich eines Besseren belehrt wurde, war ich davon überzeugt, dass es möglich ist, bei richtiger Vorbereitung jede Prüfung erfolgreich zu absolvieren. Wenn jemand eine Prüfung nicht bestanden hat, denkt man insgeheim, dass ein menschliches „Versagen" vorliegen muss. Man meint, die Person müsse das Falsche oder zu wenig gelernt oder zu wenig Fleiß und Kraft aufgebracht haben. Heute weiß ich, dass manchmal alle Komponenten vorhanden sein können, man die beste Vorbereitung geleistet haben kann und dennoch eine Prüfung nicht besteht. Selbst wenn man alle Bestandteile und Eigenschaften einer Sache kennt, diese sorgfältig dosiert und mit einem bestimmten Ziel vor Augen handelt, kann das Ergebnis unvorhergesehen ausfallen. Es ist unsere persönliche Interpretation, dass ein Ergebnis, das wir nicht erwarten, gleich einem Misserfolg ist. Der Sinn des Lebens kann also nicht mit der Erfüllung von Erwartungen beantwortet werden, sondern muss meiner Meinung nach in einer uns verborgenen Metaebene beschrieben sein.

Was also tun, wenn der Sinn des Daseins uns verborgen ist und bleibt?

Jedes Ergebnis, unabhängig davon, ob wir den dahinterliegenden Sinn verstehen oder nicht, bietet eine Möglichkeit für uns, uns weiterzuentwickeln und zu wachsen. Durch unsere Handlungen (ver-)formen und experimentieren wir mit unseren Bestandteilen und

Eigenschaften und beeinflussen gewollt oder ungewollt die der restlichen Schöpfung. Somit ist der Sinn unseres Daseins verschlungen in einer so großen und erstaunlichen Komplexität, dass ich nicht glaube, dass es Gott einem einfachen Menschen zur Aufgabe macht, diesen Sinn zu verstehen. Ich verstehe allerdings meine persönliche Aufgabe darin, meine von Gott gegebenen Kompetenzen und die Erfahrungen aus den Ergebnissen meiner Handlungen anzunehmen und jedes Mal aufs Neue meine Bestandteile und Eigenschaften, mit bestem Wissen und Gewissen, für ein gemeinnütziges Ziel dankbar zu dosieren und einzusetzen.

Der Sinn meines Daseins ist also weiterhin verborgen, klein und schwarz, sitzt im Gebüsch und wartet darauf, mich zu überraschen.

MEINE AUFGABE IST
ES, DEN MENSCHEN
EIN LÄCHELN INS
GESICHT ZU ZAUBERN

Janin Bassal

Wir alle kennen ihn, diesen einen Spruch, den es als Wandtattoo gibt und der in jedem Kalender vorkommt: „Der Sinn des Lebens ist es, dem Leben einen Sinn zu geben." Ist das wirklich so einfach? Hätten sich sonst Philosophen seit Jahrhunderten und Jahrtausenden über dieses Thema den Kopf zerbrochen? Nun darf ich philosophieren und euch meine Sicht nahelegen. Denn der Sinn meines Daseins entspringt aus meiner Identität als Muslimin, Berlinerin, Pfadfinderin, Schwester, Tochter, Ehefrau und Mama.

Aus muslimischer Sicht ist, platt ausgedrückt, der Sinn meines Daseins und jeden Individuums, Gott zu erkennen und ihm aus reinster Liebe zu dienen. Aber allein Gott zu erkennen und seine Botschaft zu verstehen, ist ein Prozess, der niemals endet. Wenn du Gott kennenlernst, erkennen und lieben lernst, erfährst du, dass er der alleinige Schöpfer von allem ist. Schau aus dem Fenster. Was siehst du? Einen Baum? Dieser Baum ist eine Schöpfung des Schöpfers. Du liebst Gott?! Also musst du zwangsläufig auch diesen Baum lieben, achten und respektieren, weil du Gott nicht kränken oder verletzen möchtest. Wenn man diesen Gedanken verinnerlicht, ob man an Gott glaubt oder nicht, alles zu respektieren und zu achten, was erschaffen worden ist – Dinge, Pflanzen, Tiere und Menschen –, dann gäbe es sehr viel weniger Probleme. Man würde sich nicht trauen, irgendetwas zu verletzen oder zu zerstören. Wir Menschen sollten uns tagtäglich daran erinnern, dass alles einen Wert hat. Dass wir lernen müssen, alles zu schätzen. Sei es die halbe Tomate im Kühlschrank, die jetzt nicht mehr so frisch aussieht, die Orchidee in deinem Wohnzimmer, die du zu gießen vergessen hast, oder deine Mutter, die du länger nicht angerufen hast. Empathie zu zeigen und uns in unser Gegenüber hineinzuversetzen, wird oft vergessen. Aber wir Menschen sind auch vergessliche Wesen. Wir sollen vergessen. Würden wir nicht vergessen, würde unser Kopf nicht mehr zur Ruhe kommen. Jede Person, die schon einmal ein Kind auf die Welt gebracht hat, weiß, wie schmerzhaft es war, aber sich an die genauen Schmerzen zurückzuerinnern, kann kaum eine. Ein schlauer Trick der Natur, sonst würden wahrscheinlich die meisten von ihnen keine Kinder mehr auf die Welt bringen.

Jetzt bin ich aber ziemlich abgeschweift. Kommen wir wieder zurück zum Sinn meines Daseins. Ich persönlich war nie wirklich auf der Suche nach einem Sinn. Ich wusste für mich, dass alles einen Anfang und ein Ende hat. Und mein Ende sollte von Menschen belebt sein, die mich gut im Gedächtnis behalten, die mich vermissen, weil ich ein guter Mensch war. Ein guter Mensch, der versucht hat, immer zu helfen, auf den man sich verlassen konnte, der in schlechten Zeiten da war. Das ist ein Ziel von mir, das versuche ich in meinem Leben umzusetzen. Natürlich kann man nicht allen gerecht werden, aber dennoch hatte ich es mir zur Aufgabe gemacht, wenigstens immer, so gut es geht, freundlich und höflich zu sein und mit einem Lächeln durch die Straßen zu gehen. In den sozialen Netzwerken konnte man bei der Rubrik „Über mich" immer ein paar Sätze schreiben. Schon damals auf SchülerVZ und später auf Facebook stand bei mir: „Meine Aufgabe ist es, den Menschen ein Lächeln ins Gesicht zu zaubern." Damit meine ich nicht, lustig zu sein und Witze auf Lager zu haben, sondern einfach mit meiner guten Laune oder meiner Hilfe durch Zuhören und Ratgeben für jemanden da zu sein und positive Energie zu übertragen. Außerdem lächle ich in meinem Alltag vielen Menschen zu. Es kostet vielleicht Überwindung, fremde Menschen anzulächeln, aber es hat große Auswirkungen auf die Person und Situation. Probiert es einfach aus und spürt diese Veränderung beim Gegenüber.

Jeden Tag eine gute Tat, heißt es bei den Pfadfinder*innen. Ich engagiere mich ehrenamtlich bei den muslimischen Pfadfindern und leite eine Gruppe von Kindern. Ich investiere meine Zeit, um ihnen etwas auf ihrem Weg mitzugeben: Werte, unvergessliche Erlebnisse und Wissen. Ich nutze meine Ressourcen, um sie auf ihrem Pfad zu einem guten, verantwortungsvollen, naturbewussten, spirituellen und sozialen Menschen zu begleiten und ihnen die helfende Hand zu reichen. Dabei sind das Gemeinschaftsgefühl und der Spaß innerhalb der Gruppe essenziell. Wir alle sollten Spaß im Leben haben und nicht vergessen, dass in jedem von uns ein Kind steckt, egal wie alt man ist. Spaß bringt

Freude, positive Energie und Motivation. Das Gemeinschaftsgefühl wiederum gibt einem Schutz und Geborgenheit. Man darf sein, wer man möchte und muss sich nicht verstellen. Das und vieles mehr sind die Gründe, warum ich mich ehrenamtlich engagiere. Die Kinder sind unsere nächste Generation. Wir sollten uns Zeit nehmen, um sie dazu zu befähigen, dass sie die Welt ein Stückchen besser machen, als wir sie hinterlassen haben. Sie sind die Zukunft und werden auch die übernächste Generation prägen. Ich kann nur jedem empfehlen, sich ein Ehrenamt auszusuchen, egal in welchem Bereich. Es ist nicht nur ein Gewinn für das Amt, sondern auch ein großer Gewinn für einen selbst. Man wächst über sich hinaus. Man lernt neue Dinge und neue Menschen kennen. Man hat einfach ein gutes Gefühl und nutzt seine Zeit wirksam für andere. Es wird ganz oft davon gepredigt, dass man nur ein Leben hat und man nicht weiß, wann es endet. Man sollte es also sinnvoll nutzen. Es gibt einen Ausspruch des Propheten Muhammad, der besagt, dass der beste Mensch derjenige ist, der seinen Mitmenschen nützlich ist. Es zeugt also sogar von einem guten Charakter, wenn man sich engagiert. Wenn man nicht weiß, wofür man seine Zeit einsetzen möchte oder wofür das eigene Herz schlägt, kann ich nur raten, sich auszuprobieren. Schaue nach, welche Vereine oder Organisationen es in deiner Stadt gibt und rufe einfach mal an. Nimm am besten jemanden mit, um deine Scheu und Ängste niedrig zu halten. Lass dich auf die Strukturen und Menschen vor Ort ein. Nach einiger Zeit wirst du spüren, ob es gefunkt hat oder nicht. Der oben genannte Ausspruch bezieht sich auf die Mitmenschen, die natürlich auch die eigene Familie oder Freunde sein können. Ich persönlich möchte auch eine gute Mutter sein. Ich möchte aber mein Dasein nicht nur auf das Mutter-Sein reduzieren. Allerdings bin ich mir bewusst, dass es eine überwältigende Aufgabe ist, ein Kind großzuziehen. Im Islam hat eine Mutter dementsprechend einen besonderen Stellenwert. Ich habe realisiert, dass ich als Mutter immer für mein Kind da sein muss, egal welches Alter es erreicht. Es ist gerade in den ersten Jahren ein 24-Stunden-Job, der in der Gesellschaft unterschätzt wird. Als Eltern sollten wir verinnerlichen, dass es am allerwichtigsten ist, dass unsere Kinder glücklich und zufrieden mit ihrem Leben sind. Zudem kann ich sagen, dass ich mich freue, wenn mein Kind auch den Islam für sich als Religion erkennt. Hier ist es aber bedeutend, dass man als Vorbild vorangeht. Unsere Kinder sind unsere Spiegel in jeglicher Art und Weise.

Für mein Kind, für unsere Kinder, für die nächste Generation, für die Zukunft möchte ich noch einen kleinen, aber essenziellen Punkt über den Sinn meines Daseins anmerken. Ich habe erwähnt, dass oft gesagt wird, man habe nur ein Leben. Aber wir haben auch nur eine Erde! Eine wunderschöne Erde mit einer riesigen Artenvielfalt. Es ist nicht anzuzweifeln, dass wir Menschen Schuld daran sind, dass die Erde mit ihrer Schönheit immer grauer wird und die Artenvielfalt immer kleiner. Ich versuche meinen Beitrag zu leisten, um entgegenzusteuern. Hierbei geht es nicht um radikale Schritte, sondern um das Bewusstsein für die Problematik. Es sind die kleinen Veränderungen im Alltag, die den Stein ins Rollen bringen. Bewusstes Nutzen von Dingen und Unterlassen von Handlungen, die nicht notwendig sind. Ein Beispiel für den Einkauf: Ich nehme vorher schon Einkaufstüten mit und mache mir einen Essensplan für die Woche. So nutzt man sein Auto nur einmal in der Woche zum Einkaufen, schmeißt kaum Lebensmittel weg und muss keine Plastiktüten mehr nutzen. Wer es sich leisten kann, kauft regional und bio. Nachhaltigeres Leben ist nicht so kompliziert, wie es sich anhört. Versuche es auch!

Der Sinn meines Daseins ist zusammengefasst für mich, ein zufriedenes und glückliches Leben zu führen und für die Menschen um mich herum da zu sein. Mich nützlich zu machen und aktiv meinen Platz in der Gesellschaft und in der Familie zu kennen und Verantwortung zu übernehmen. Sich zurückzuziehen und ein einsames Leben zu führen, sollte nicht der Sinn des Lebens eines Menschen sein, denn das wäre eine Verschwendung der eigenen Person. Jeder Mensch ist wunderbar und besonders. Ich möchte, dass die Welt ein besserer Ort wird, und ich versuche, mein Bestes dafür zu geben.

ZUFRIEDENHEIT
IST DAS RESULTAT
DER EIGENEN
ENTSCHEIDUNGEN

Thouraya Haddad

Der Sinn des Lebens – Was ist das?

Das ist *die* Frage der Philosophie. Sie lässt nahezu alle Denker alt aussehen. Sei es Sokrates, Voltaire oder Thomas Hobbes. Ja selbst Pythagoras, auch wenn wir seinetwegen Dreiecke zeichnen, berechnen und Architektur betreiben können. Wenn man heute auf die Straße geht und jemanden nach dem Sinn des Lebens fragt, kommt meist eine recht schlichte Antwort dabei heraus. Für den einen ist es ein wertvolles, für den anderen ein erfolgreiches und für noch einen anderen ist ein glückliches Leben der Sinn des menschlichen Daseins – bzw. der Zweck. Oder doch der Grund? Da geht sie schon los, die Diskussion. Weil diskutieren aber in der Natur des Menschen liegt und in wohl bedachtem Maße gesund für den Geist ist, fange ich damit direkt an.

Nun, man sollte den Begriff „Lebenssinn" zuvor erst einmal entzweien, um ihn fortlaufend aus verschiedenen Perspektiven betrachten zu können.

Auf der einen Seite haben wir die Ursache, das berühmt-berüchtigte „Wo kommen wir her?" Für uns Muslime und Musliminnen ist das relativ eindeutig. *Allah* (s.w.t.) ist der Schöpfer aller Menschen. Der Auslöser des Urknalls, der Grund für die Entstehung des Lebens und seine Evolution. Er ist der prôton kinoun akinêton – der unbewegte Beweger. Andere nennen es auch gerne Zufall, Fügung oder spontane Molekülwolkenverdichtung.

Auf der anderen Seite haben wir den Zweck, das „Wo gehen wir hin?" Hier schließt sich für Gläubige der Kreis erneut bei *Allah* (*s.w.t.*), denn zu ihm werden wir nach dem Tod zurückkehren. Weit verbreitet sind auch alternative Überzeugungen, wie z. B. das Konzept vom Großen Nichts (s. SpongeBob Schwammkopf, Staffel 1, Episode „Die Zeitmaschine", E14a).

Trotz allem stellt sich aber weiterhin die Frage nach dem Sinn des Lebens als allgegenwärtig heraus; unabhängig davon, ob man Monotheist, Polytheist, Atheist oder chronisch unentschlossen ist. Woran liegt das?

Die allgemeine, allumfassende Überzeugung eines Individuums ist die eine Sache, aber wie so oft kommt es auf das Detail an. Um den Gedanken der Architektur noch einmal aufzugreifen, stelle man sich Folgendes vor: Man weiß, man möchte ein Haus bauen, und man glaubt dabei zu wissen, weshalb und wofür. Im Prozess des Bauens gerät man jedoch bei den ersten Schritten bereits ins Stocken. Wie viele Zimmer soll es haben? Kann ich denn schon wissen, wie viele es haben muss? Warum muss ich mich an die Vorgaben des Bauunternehmens halten? Kann ich nicht auch bis ganz an den Rand der Straße meinen Zaun ziehen? Doch lieber eine Mietwohnung? Die Zweifel wirken unendlich. Dabei war man sich doch so sicher.

Im Leben eines Menschen ist das nicht anders. Jeder hat Phasen, in denen er seine Position im Büro, in der Familie oder in der Geschichte der Menschheit anzweifelt. Das hat aber nichts damit zu tun, dass man seinen Glauben und seine Überzeugung inkonsequent lebt oder undankbar für die Erkenntnisse und Errungenschaften ist, die man bis dato gesammelt hat. Angst, Unruhe und Vergesslichkeit spielen dabei einfach eine sehr große Rolle, denn kaum einer steht morgens mit einer ausgeklügelten, Aristoteles-reifen Reflexion im Kopf auf und weiß genau, *weshalb* er aus dem Bett gestiegen ist und sich später wieder schlafen legen wird.

Es ist nicht nur natürlich, im Islam ist es sogar gewünscht, dass man sich immer neue Gedanken darüber macht, was man mit sich und seinem Leben eigentlich anstellen und wie man seinen bisherigen Weg bewerten möchte. Menschen verändern sich und somit auch ihre Rezeption, ihre Werte und ihr Urteilsvermögen. Austausch ist dabei sehr wichtig, denn neue Anreize, moralischer Aufbau oder aber auch Anlass zur kategorischen Ablehnung einer Sache helfen dabei, sich (und andere) zu definieren und einzuordnen.

Schon im 12. Jahrhundert hat man verstanden, dass die Philosophie, das Hinterfragen und der Glaube eines Menschen nicht voneinander zu trennen sind, sondern zwei Seiten derselben Medaille darstellen. Der andalusisch-arabische Philosoph, islamische Gelehrte, Jurist, Hofarzt und Schriftsteller Ibn Ruschd – besser bekannt als Averroes – hat diesen Gedanken einmal kurz und bündig auf den Punkt gebracht:

„Eine Wahrheit kann der anderen nicht widersprechen. Die Philosophie stimmt mit dem Glauben überein und legt Zeugnis für ihn ab."*

Damit steht also fest, dass die Frage über den Sinn des Lebens weder etwas mit Unglauben noch mit Arroganz oder Willkür zu tun hat. Wer sie sich stellt, findet früher oder später (s)eine Antwort, und logischerweise tut das jeder zuerst in seinem oder ihrem Glauben, wie auch immer dieser aussehen mag.

Wenn wir einmal verschiedene Ansätze betrachten, eine mögliche Antwort auf *die* Frage zu finden, die jahrhundertelanges Kopfzerbrechen verursacht hat, dann wird einem schon bei der Formulierung der Fragestellung deutlich, wie komplex das Ganze sein kann: „Was ist der Sinn des Lebens?", „Was ist der Sinn meines Lebens?", „Kann ich das selbst bestimmen oder liegt der Sinn bereits in der Suche?", „Sind Existenz und Sinn das Gleiche?" und so weiter und so fort. Gefühlt, kommt jedes Mal etwas anderes dabei heraus, wenn man diese Fragen unabhängig voneinander beantwortet.

Persönlich bin ich davon überzeugt, dass es die eine richtige, für jedes einzelne Individuum gültige Antwort gar nicht gibt. Sie ist so unendlich wie *Allah (s.w.t.)*

---

* In: M. Horten (Hg.), Texte zu dem Streite zwischen Glauben und Wissen im Islam. Die Lehre vom Propheten und der Offenbarung bei den islamischen Philosophen Farabi, Avicenna und Averraes, Berlin / Boston: De Gruyter 1913/ 2018

es ist. Was ich weiß, ist, dass mein Weg bei ihm aufhört und ich in diesem Gedanken allein genug Frieden finde, um mich ohne Furcht vor Irreführung an dieses Thema heranzutasten.

Grundsätzlich empfinde ich es für alle Menschen als sehr wichtig, sich dieser Frage zu stellen. Allein den Versuch zu wagen, zeugt schon von einer gesunden Menge an Selbstreflexion.

Und nun für alle, für die das Bisherige zu viel political correctness war: das große Crescendo. Meine – *Achtung* – eigene Meinung:

Für mich ist der Sinn des Lebens, das große Mysterium der Dichter und Denker, die Frage aller Fragen und die meistgesuchte Antwort überhaupt: die schlichte Suche selbst. Sich darüber im Klaren zu sein, dass die Mühe und harte Arbeit, die man dafür aufbringt, die Dinge sind, die wirklich zählen. Anders gesagt: Man muss in sich investieren. Sich um sich kümmern und sich weiterbilden. Aufrichtig bleiben und eben nicht mit der Keule der Ignoranz durch die Welt spazieren und die Augen vor allem verschließen, was nur im Entferntesten mit Nachdenken zu tun hat. Das verletzt nicht nur die eigene Person, sondern auch andere: Menschen, Ideen und Perspektiven, die es verdient hätten, geachtet zu werden.

Im Grunde bleibt Folgendes stets vorherrschend: *Allah* der Gepriesene und Erhabene hat mich geschaffen, und zu ihm werde ich zurückkehren. Die Zeit dazwischen ist sein Geschenk und meine Verant-wortung. So Gott will, werde ich sie nutzen, um am Ende meines Lebens etwas geschaffen zu haben, womit ich zufrieden sein kann. Unterm Strich ist diese Zu-friedenheit nämlich kein Schicksal, sondern das Re-sultat der eigenen Entscheidung.

Als letzten Tipp kann ich nur noch mitgeben, dass man bei diesem Thema mit der richtigen Einstellung arbeiten sollte. Anders gesagt: Keiner hat recht. Nur *Allah* (*s.w.t.*) allein weiß, warum wir existieren. Wenn wir alles wüssten, hätten wir auf der Erde keine Auf-gabe mehr. Solange wir uns noch Fragen stellen kön-nen, können wir mit unseren ständigen neuen Ideen zufrieden sein. Im Endeffekt ist der Rechenweg doch viel interessanter als das Ergebnis.

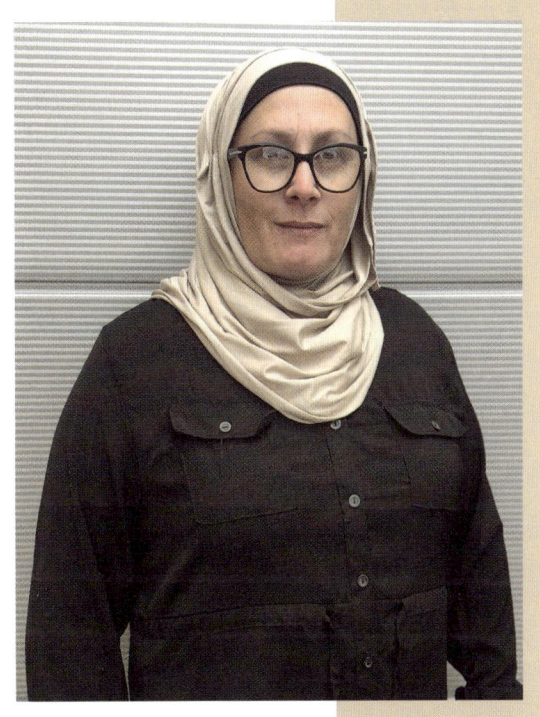

MEIN SCHICKSAL HILFT MIR, ANDEREN ZU HELFEN

Souad Khodor

Ich heiße Souad Khodor und bin 55 Jahre alt. Seit fast 36 Jahren bin ich verheiratet und wurde von *Allah* (*s.w.t.*) mit zehn Kindern gesegnet. Vier von meinen Kindern sind verstorben und befinden sich in der Zwischenwelt.

Unser Erstgeborener Bilal kam im Oktober 1986 im Libanon zur Welt. Ein Jahr später wurde uns Rami geschenkt. Sechs Wochen nach seiner Geburt kamen mein Mann und ich mit unseren zwei Söhnen nach Deutschland. Für uns alle bedeutete das einen Neuanfang. Wir mussten Asyl beantragen, was eine lange Zeit beanspruchte. Während der Wartezeit erkrankte unser Baby, Rami. Ich erinnere mich mit schwerem Herzen an sein nächtliches Weinen und Husten. Erst nachdem unser Asylantrag endlich anerkannt wurde, hatten wir die Möglichkeit unseren kranken Sohn ärztlich behandeln zu lassen. Diagnose: Herzfehler.

Unser kleiner Kämpfer überstand die stundenlange Operation. Der nächste Schicksalsschlag traf uns jedoch sehr bald. Unser kleiner Rami bekam eine Infektion, die er nicht überlebte. Er kehrte im Alter von drei Monaten zu *Allah* (*s.w.t.*) zurück. Es war eine schwere Zeit für die gesamte Familie.

Allah (*s.w.t.*) schenkte uns *alhamdulillah* ein Jahr später eine kerngesunde Tochter.

Wir nannten sie Iman, was „der Glaube" oder „das Vertrauen" bedeutet. Sie ist eine große Bereicherung für unsere ganze Familie.

Zwei Jahre später, im Jahr 1990, wurde ich erneut schwanger. Es traf uns ein erneuter Schicksalsschlag. Trotz Notkaiserschnitt verlor ich im sechsten Monat unseren Sohn Mohammed. Auch er kehrte zu *Allah* (*s.w.t.*) zurück. Erneut begann eine schmerzvolle Zeit, die schwer in Worten zu fassen ist. Doch *Allah* schenkte uns 1991 eine Tochter, die wir Jasmin nannten, ein Sonnenschein für unsere Familie. Sie war gesund und munter und wir waren überglücklich. Wenn man im Leben solche Schicksalsschläge erlebt, lernt man die Gesundheit noch mehr zu schätzen. Ein Jahr später folgte erneut eine schwere Zeit, da ich meine zweite Fehlgeburt hatte. Allerdings ist *Allahs* Gnade und Segen groß. Wir wurden 1993 mit unserer Tochter Sabrin gesegnet. Sabrin ist eine warmherzige, liebe Persönlichkeit und wir waren glücklich, sie zu haben. Es stellte sich jedoch nach vier Monaten heraus, dass sie mit einem Immundefekt geboren wurde, eine seltene Blutkrankheit. Die Trauer fand ihren Weg zurück zu uns. Eine erneute Krise, die unsere Familie zu bewältigen versuchte. Sabrin kam für sechs Monate nach Tübingen in die Kinderklinik, in welcher sie eine Knochenmarktransplantation bekam, wodurch sie *alhamdulillah* nach zweijähriger Behandlung geheilt wurde.

Ich habe sehr gehofft, dass nach diesen schwierigen Zeiten meine Familie zur Ruhe kommen, durchatmen kann, Zeit hat, die noch frischen Wunden heilen zu lassen. Doch leider war dies nicht das Ende der Trauer.

Im April 1994 starb unser ältester Sohn Bilal mit acht Jahren. Drei Wochen zuvor bekam er plötzlich Bauchschmerzen. Zeitgleich war ich im vierten Monat schwanger und im September 1994 wurde unsere Tochter Zeinab, unsere Willensstarke, geboren. Sie war Dank *Allah* gesund. Ihre Ähnlichkeit zu ihrem verstorbenen Bruder Bilal gab mir Kraft. 1996 bekam ich eine weitere Tochter. Sara, unsere Kämpferin, ist unglücklicherweise ebenfalls mit einem Immundefekt zur Welt gekommen. Bei ihr wurde das gleich nach der Geburt festgestellt und sie wurde einen Monat im Krankenhaus mit einer Stammzelltransplantation und einer Knochenmarktransplantation von ihrer Schwester Iman behandelt. Es war für uns als Familie eine schwere Zeit mit vielen Höhen und Tiefen. 2020 ist sie, unsere geliebte Tochter Sara, mit 24 Jahren zu *Allah* zurückgekehrt. Irgendwie ging plötzlich alles sehr schnell. Sie war für zehn Monate im Krankenhaus. Es war die schwerste Zeit für unsere Familie. Sie leiden zu sehen, zerbrach uns das Herz. Nach einiger Zeit konnte sie nicht mehr selbstständig atmen und man musste sie ins künstliche Koma versetzen. Nach einem Monat ist sie aus dem Koma erwacht.

Aber durch die ständigen Lungenbronchoskopien erkrankte sie an einem schweren Krankenhauskeim, der ihre Lunge angriff. Ihr Zustand verschlechterte sich von Tag zu Tag und sie verlor in kurzer Zeit zwanzig Kilo. Ihre Nieren waren mit Flüssigkeit gefüllt und ihr

Herz und ihre Lunge wurden immer schwächer. Das Gebet zu *Allah* (*s.w.t.*) war das Einzige, was uns blieb.

Jetzt aber wieder zurück in die fernere Vergangenheit. Uns wurden erneut zwei Söhne geschenkt. 1997 wurde unser Sohn Bilal, der Kraftvolle, geboren. Er wurde nach seinem verstorbenen Bruder benannt. 2003 wurde unser Sohn Ghazi, der Zauberhafte, *alhamdulillah*, gesund geboren.

Heute bin ich stolze Oma von vier wundervollen Enkelkindern und freue mich auf mehr Zuwachs in unserer Familie. Wir bitten *Allah* (*s.w.t.*), unsere Kinder zu beschützen und uns Kraft und Geduld zu geben sowie uns in unserem *Iman* zu stärken. Der *Iman* ist die stärkste Ressource, die wir besitzen, *alhamdulillah*.

Wenn ich meinen Lebensweg betrachte, war dieser goldrichtig. All die Schicksalsschläge in meinem Leben sehe ich als Korrektur, um hingelenkt zu werden, wo ich hingehöre. Ich arbeite heute als Dolmetscherin im psychosozialen Bereich und versuche, Menschen beizustehen und sie zu unterstützen.

Sie spüren meine Authentizität in allem, was ich sage, weil ich nicht nur über etwas rede, sondern es selbst erlebt habe und weiß, wie man aus diesen Tiefen herauskommt. Das ist heute auch mein größtes Kapital. Ich bin der Meinung, dass Menschen, die viele Krisen durchleben, zu Experten in diesem Bereich werden und andere Menschen in ähnlichen Situationen am besten verstehen und ihnen behilflich sein können.

Solche Menschen haben automatisch die notwendige Empathie. Mit dem heutigen Wissen hätte ich sicherlich einiges anders gemacht. Ich bin jedoch davon überzeugt, dass wir in der jeweiligen Situation immer das Beste geben, was uns zu diesem Zeitpunkt möglich ist. Wahrscheinlich brauchte ich diese über zwanzig Jahre andauernde Erfahrung. Ich denke, dass mein ganzer Lebensweg die perfekte Schulung war, für das, was ich heute mache und liebe. Mit dem Wissen und mit dem Vertrauen in *Allah* (*s.w.t.*), mit der eigenen Tiefe, die ich durch die Tiefschläge erlernt habe, aber auch mit der Herzlichkeit und dem Mitgefühl von Anderen. All diese Dinge habe ich durch *Allahs* Gnade durchleben dürfen. Ich betrachte jeden Moment, den ich gelebt habe, als meine Schulung.

Alles hat seine Richtigkeit und wenn Sie gerade eine Krise, einen Schicksalsschlag durchlaufen, schauen Sie sich das Geschehen intensiv an und fragen Sie sich: „Was soll ich aus dieser Situation lernen?" Sie müssen aufhören, sich immer dieselben Fragen zu stellen: „Warum passiert gerade mir das, wieso muss ausgerechnet ich so leiden?" Denn so rutschen Sie immer tiefer in die Krise. Wenn Sie sich jedoch darauf fokussieren, was Sie diese Erfahrung lehren kann und welches Potenzial sich damit entwickelt, dann führen Sie Ihr Leben in eine neue Richtung. Sie kommen schneller aus der schweren Zeit heraus und das vor allem als Gewinner*in!

ERFÜLLUNG
UND ERFOLG GEHEN
HAND IN HAND

Jwanita Khatibn

Menschen sind leistungsbereiter und erfolgreicher, wenn ihr Gegenüber es ihnen ermöglicht, ihre Stärken zur Geltung zu bringen. Welche Chancen, aber auch Grenzen, mit stärkenorientierter Führung verbunden sind, zeigt uns unser geliebter Prophet Muhammad (*Fsmi*). Dieser von ihm angewandte Ansatz hat mich unglaublich fasziniert und inspiriert. Ich habe mir gedacht: „In seinen Augen wäre auch ich etwas Wertvolles gewesen, weil unser geliebter Prophet (*Fsmi*) nicht nach Noten, Ausbildung oder Studium geschaut hat, sondern nach den Fähigkeiten, Kenntnissen, Leidenschaften und dem Tatendrang der Menschen. Er hat in seinen Mitmenschen das Gute erkannt und gefördert."

Ganz nach dem Motto: „So weit wie möglich sollten die Kernfähigkeiten darauf fokussiert werden, wo ihr Wirkungsgrad besonders hoch ist." Unser geliebter Prophet (*Fsmi*) übte sich darin, die individuellen Fähigkeiten seiner Gefährten (*r.a.*) so zu nutzen, sodass sie ihr volles Potenzial entfalten konnten.

Auch im Koran wird immer wieder verdeutlicht, dass wir vor *Allah* (*s.w.t.*) ein wertvolles Geschöpf sind.

Bismillahir-Rahmanir-Rahim

„Und Wir haben den Menschen wirklich mit Würde ausgestattet. Ihn zu Lande sich fortbewegen lassen, wie auf dem Meer. Und ihm ein Auskommen gegeben von dem, das gut und rein ist. Wir haben ihn über die meisten derjenigen gestellt, die Wir erschaffen." (Koran 17:70)

Ich bin Jwanita Khatib, Empowerment-Trainerin und Beraterin. Ich bin 43 Jahre alt und stolze Mutter von fünf Kindern.

Fakt ist: Selbstverständlich ist es eine tolle Ausgangslage, wenn man ein Studium vorweisen kann. Insbesondere für Menschen mit Rassismus-Erfahrungen ist ihr Studium ein Mittel, über Qualifikationen einen Umgang auf Augenhöhe herzustellen.

Auch meine Kinder studieren, und ich wünsche es allen anderen Menschen ebenfalls, weil ich weiß, wie schwer ein Umweg ist und wie sehr man sich immer wieder beweisen muss, wenn man vom klassischen Lebensweg Schule – Studium – Arbeit abweicht und sich erst später weiterbildet.

Dennoch sollten wir immer das Beste aus der Situation machen, in der wir gerade stecken. Auch ohne abgeschlossene Ausbildung oder ein Studium hast du heute die Möglichkeit, dich mit Leidenschaft, Fähigkeiten und Lernbereitschaft unter Beweis zu stellen.

Ich selbst habe an Ausbildungen, Kursen, Workshops und Fachtagungen teilgenommen, die mich interessierten. Sowohl auf persönlicher als auch auf gesellschaftlicher Ebene konnte ich mit diesem erlangten Wissen viel bewegen.

Nach meiner Schulzeit konzentrierte ich mich erst einmal auf die Familienplanung. Durch die Biografie des Propheten (*Fsmi*) habe ich dann mit 26 Jahren wieder Lebensmut und einen neuen Sinn gefunden. Ich habe das Bedürfnis verspürt, aus meiner Komfortzone zu treten. Ich habe meine Reise in die Persönlichkeitsentwicklung gestartet und meine erste Jugendgruppe gegründet, die ich acht Jahre begleitete.

Je mehr ich gebe, desto mehr erhalte ich. Ich wurde zur (Mit-)Gründerin einer deutschsprachigen Islamschule, in der der Glaube als Ressource wahrgenommen wird und die Kinder und Jugendlichen eine Community um sich haben, mit der sie sich identifizieren können.

Und heute, Jahre später, bin ich (Mit-)Gründerin und Vorsitzende des Vereins *Coexist e.V.* Mit *Coexist* haben wir diverse gesellschaftsrelevante Projekte auf die Beine gestellt und sehr viel für die Jugendarbeit in Stuttgart geleistet. Durch all die Erfahrungen und das Selbstbewusstsein, die ich als Vereinsvorsitzende gewonnen habe, durfte ich im Mai 2020 eine Teilzeitstelle als Regionalkoordinatorin und Community-Managerin antreten. Zudem erhalte ich auch Anfragen als Expertin für ein plurales Zusammenleben sowie als Mentaltrainerin für mehr Frauenpower, Selbstwirksamkeit und Selbstachtung.

So kann ich meine Leidenschaft, meinen Beruf und meine Familie, die mich bei der Arbeit auch tatkräftig unterstützt, unter einen Hut bekommen, was ein großes Geschenk *Allahs* (*s.w.t.*) ist.

Ich bin eine Macherin und ein großer Fan davon, JETZT etwas zu tun.

Ich liebe es, meine Ideen in Taten umzusetzen und mein Umfeld zu motivieren und in allem, was ich tue, auch eine nachhaltige Wirkung zu hinterlassen. Ich bin bereit, auch mal mutig zu sein und mich nicht von Niederlagen abhalten zu lassen, meine Ziele langfristig im Auge zu behalten und somit der Gesellschaft zu zeigen, dass Disziplin, Hartnäckigkeit, Liebe und Leidenschaft Großes schaffen können. Ganz nach dem Vorbild des Propheten (*Fsmi*).

Ich will im innerislamischen Kontext durch die Empowerment- und Self-Care-Angebote etwas bewegen und gleichzeitig mit meinem *Coexist*-Team auch strukturell etwas in der Gesellschaft verändern und unterrepräsentierte Stimmen hörbar machen.

Meine Sehnsucht ging schon immer in die spirituelle Ebene. Ich wollte schon immer mehr über meine Religion erfahren. Bis ich dann mit 26 Jahren erstmals eine Moschee besuchte. Dieser Schritt öffnete mir unglaublich viele Türen und Tore.

Ich habe erkannt, ich war beseelt und richtig erfüllt und durfte erfahren, wie es ist, einen Sinn im Leben zu haben, durch den ich mein volles Potenzial entfalten konnte. Das bemerkte auch mein Umfeld.

Erfolg verschleiert ganz oft das, wofür wir eigentlich angelegt sind, denn trotz äußerlichen Erfolgs können wir innerlich unruhig sein und nicht das tun, wofür unser Herz eigentlich schlägt. Frage dich, ob du glücklich bist mit dem, was du tust. Was ist dein eigentliches Potenzial, dein Talent?

Versuche das Gefühl des Zweifels Schritt für Schritt loszulassen. Vertraue deiner Intuition und dass du in Verbindung mit *Allah (s.w.t.)* weißt, was das Richtige für dich ist. Wir alle haben eine Aufgabe in diesem Leben, und solange wir leben, haben wir Zeit, uns an sie zu erinnern und ihr nachzugehen.

Wenn du von dir und dem, was du tust, überzeugt bist, dann wirst du von außen auch Anerkennung erhalten. Du wirst auch Hindernisse und Tiefen auf dieser Reise haben, aber diese Erlebnisse bereichern dich unglaublich.

Lass dich nicht von den Grenzen und Ängsten anderer Menschen leiten. Die Menschen wissen nicht, was alles in dir schlummert. Sie wissen nicht, wie viel du im Verborgenen schon gewachsen bist.

Du darfst an dich und deine Stärken, deine Leidenschaft, deine Sehnsucht glauben und dich nach und nach darauf hinbewegen. Denke daran: „Allah ändert nicht den Zustand eines Volkes, bis sie das ändern, was in ihnen selbst ist." (Koran 13:11)

Wesentlich ist, dass du deinen Wandel von innen heraus begehst, ohne außen Türen zu verschließen. Beginne dich in deiner Freizeit zu verwirklichen und gehe einen Schritt nach dem anderen in die neue Richtung.

Du wirst neue Menschen kennenlernen, bekommst neue Ideen, eine neue Energie. Du musst aber erst in die Rollen hineinwachsen. Lass dir deshalb Zeit und sei gütig mit dir selbst.

Denke daran: In der Ruhe liegt die Kraft!

So kannst du auch deinen Ängsten und Zweifeln einen Raum geben und dennoch Fahrt aufnehmen und dich mehr und mehr in die neue Richtung leiten lassen.

Deine Leidenschaft/Berufung sollte drei Voraussetzungen erfüllen:

1. Du solltest die Tätigkeit gerne machen.

2. Sie sollte dir finanzielle Einnahmen generieren.

3. Sie sollte einen Nutzen für deine Mitmenschen haben.

Stell dir die Fragen: Wo ist mein Potenzial? Was sind meine Talente? Sei nicht mehr Opfer der äußeren Umstände! Lass dich nicht von Minderwertigkeitsgefühlen plagen, sondern fokussiere dich auf dein Potenzial und deine Kenntnisse. Du kannst die Welt verändern! Mach einen Unterschied für die Menschen in deiner Umgebung.

DANKBARKEIT
MACHT ZUFRIEDEN,
UND ZUFRIEDENHEIT
MACHT GLÜCKLICH

Dolly El-Ghandour

Mein Name ist Dolly El-Ghandour, ich bin 1982 in Beirut auf die Welt gekommen, seit über 21 Jahren verheiratet, Mutter von zwei wunderbaren Töchtern (20 und 15) und hauptberuflich als Bezirksleiterin tätig. Mir ist es wichtig, nützlich für die Gesellschaft zu sein, deshalb bin ich in mehreren Ehrenämtern unterwegs, sowohl im Ausland als auch im Inland. In Deutschland bin ich im Vereinsleben aktiv, bin sowohl die Mitgründerin der *Pfälzer Lebensmittelretter Ludwigshafen Ess-Bar* als auch die Vorsitzende und Mitgründerin des Vereins *Die Garage Ludwigshafen e.V.* Darüber hinaus bin ich in der Politik als Ortsbeirätin, in Gremien wie im Beirat für Migration und Integration, im Kulturausschuss und Beirat für Menschen mit Behinderungen tätig.

Mein heutiges Leben sehe ich nicht als selbstverständlich an. Als ich acht Jahre alt war, sind meine Eltern aus dem Libanon nach Deutschland geflüchtet, um ihren Kindern eine bessere Zukunft zu ermöglichen. Eine Zukunft ohne Überlebensangst und ganz wichtig: ohne Krieg. Krieg habe ich als Kind im Libanon miterlebt und kann mich auch noch an viele Situationen erinnern. Mit zwölf Jahren kam die erste große Trauer in mein Leben, mein Vater, zu dem ich eine enge Bindung hatte, kehrte mit 44 Jahren zu seinem Schöpfer zurück und hat meine Mutter mit fünf Töchtern zurückgelassen. Ich war die älteste, und meine jüngste Schwester war gerade mal acht Monate alt. Plötzlich änderte sich vieles in unserem Leben: Wir mussten uns alle neu aufstellen, meine Mutter stand vor vielen neuen Herausforderungen, die sie in der Fremde ohne familiäre Unterstützung wunderbar angenommen und gemeistert hat. Ich bin ihr unendlich dankbar für die Liebe, die Empathie und Motivation, die sie meinen Schwestern und mir mitgegeben hat. Sie ist eine bewundernswerte Frau.

Mit 20 Jahren heiratete ich meinen Mann. Ich befand mich noch in der Ausbildung, er im Studium. Anders als geplant wurde ich einen Tag nach meinem 21. Geburtstag Mutter. Nun trugen wir zusätzliche Verantwortung für ein Kind. Dank Krippe und familiärer Unterstützung schafften wir es. Es war jedoch eine sehr schwere Zeit mit vielen Höhen und Tiefen in unserer Ehe. Wenn man jung ist, dann hat man andere Ansichten zu vielen Dingen und andere Prioritäten als im späteren Verlauf des Lebens.

Es ist wichtig, an sich zu glauben, es ist wichtig, nicht aufzugeben, es ist wichtig, sich immer wieder neu zu erfinden und das Leben anzunehmen, wie es ist, die Veränderungen und die damit verbundenen Herausforderungen, Erlebnisse und Erfahrungen zu akzeptieren. Heute führe ich eine glückliche Beziehung und bin Gott dankbar für meinen wunderbaren Ehemann, mit dem ich partnerschaftlich auf Augenhöhe lebe und der mich mit meinen vielen Projekten unterstützt und mir sehr oft den Rücken freihält. Mir ist auch bewusst, dass ich ohne seine Unterstützung all das nicht stemmen kann.

Oft stellen wir zu hohe Ansprüche an uns und unser Gegenüber. Es ist daher wichtig, Geduld zu haben, denn alles kommt, wenn Gott will, im richtigen Moment zu einem.

Mit den Jahren lernt man sich selbst besser kennen. Mein Ziel ist es, glücklich zu meinem Schöpfer zurückzukehren. Glück fängt bei mir mit der Dankbarkeit an, denn Dankbarkeit macht zufrieden, und Zufriedenheit macht glücklich.

Jede Begegnung in unserem Leben hat einen Sinn, auch wenn er sich uns erst nach Jahren erschließt. Einige Menschen machen uns glücklich, andere machen uns traurig, aber beide Erfahrungen sind eine wichtige Lektion für unser Leben.

Für mich als praktizierende Muslima ist es klar, dass der Sinn meines Lebens darin besteht, meinem Schöpfer zu dienen: „Und Ich habe die Dschinn und die Menschen nur (dazu) erschaffen, damit sie Mir dienen." (Koran 51:56)

Es gibt verschiedene Ebenen und Formen des Gottesdienstes. Neben dem Glaubensbekenntnis, dem Gebet, der sozialen Pflichtabgabe, dem Fasten und der Pilgerfahrt gehört noch so viel mehr dazu: der gute Umgang mit der Familie und ganz besonders mit den Eltern, eine gute Erziehung der Kinder, Freundlichkeit, Hilfsbereitschaft, Ehrlichkeit, Besuche bei Kranken sowie auch Armen und Bedürftigen zu helfen.

Ich werde oft gefragt, woher ich die Kraft für die Ehrenämter nehme. Ich tue all dies, um die Zufriedenheit Gottes zu erlangen. Und er gibt mir die Kraft dafür.

Wir sind von vielen wunderbaren Dingen umgeben. Ich bin überzeugt, dass wir durch den Koran eine wunderbare Gebrauchsanweisung für alles in unserem Leben haben, daher ist es egal, in welchem Tätigkeitsfeld man sich engagiert.

Jeder von uns ist wertvoll, jeder hat seine eigenen Besonderheiten und seine eigenen Vorlieben, die er wunderbar einsetzen kann.

Es ist wichtig, nicht gleich aufzugeben. Wir werden öfter die Richtung wechseln, hinfallen, aber auch wieder aufstehen.

Meinen Töchtern zeichne ich gerne das Bild einer Treppe. Es ist unmöglich, die gesamte Treppe auf einmal hochzusteigen. Zwei oder sogar drei Stufen sind machbar, niemals jedoch alle zusammen. Wenn die Treppe nun sehr hoch ist und der Moment kommt, an dem alles aussichtslos erscheint, sollten wir uns wieder an jede einzelne Stufe erinnern.

Die Treppe ist ein Beispiel für alle Lebenslagen, die alle Menschen auf dieser Welt teilen, egal, wie schlimm es aussieht, egal, was für eine Ausgangssituation wir vorfinden: Wir sollten unsere Situation annehmen und anfangen. Stufe für Stufe werden wir all unsere Ziele erreichen, der eine schneller, der andere langsamer. Jeder ist für seine Geschwindigkeit und sein Handeln selbst verantwortlich.

Schon als Jugendliche wusste ich, dass ich niemals bereuen möchte, etwas nicht getan zu haben, was mir am Herzen lag. Ich habe auch Fehler in meinem Leben begangen, die mich jedoch zu der Person gemacht haben, die ich heute bin.

Wir Frauen neigen leider dazu, unsere Wünsche und Träume der Familie wegen aufzugeben oder zu verschieben. Wenn dann aber der Zeitpunkt gekommen ist, an dem wir uns selbst verwirklichen wollen, sind alle anderen schockiert, weil sie uns so nicht kennen. Wir sollten unserer Gesellschaft und uns selbst gegenüber aufrichtig und ehrlich sein. Wir sollten zu unseren eigenen Werten und Überzeugungen stehen, ohne uns verstellen zu müssen.

Denn plötzlich kommt die Frage auf: „Wer bin ich?" Leider gibt es oft einen Unterschied zwischen der Frau, die ich gerne sein möchte, und der, die ich tatsächlich bin. Es ist wichtig, schonungslos mit sich selbst zu sein und tatsächlich hinter die ungeschminkte Fassade zu schauen.

Durch Aufrichtigkeit uns selbst gegenüber werden wir Selbstverwirklichung erleben, dankbar sein, gesunde soziale Beziehungen haben und unseren Glauben stärken und festigen. Hier ist es wichtig, die Veränderungen, die dann kommen und die damit verbundenen Herausforderungen anzunehmen und zu akzeptieren. Nur so können wir weiterkommen, uns entwickeln und zu dem Menschen werden, der wir immer sein wollten.

Wenn wir so weit sind, dann werden wir glückliche und erfolgreiche Menschen sein in allem, was wir tun.

Ich wünsche mir, auf dieser Welt Spuren und Erinnerungen zu hinterlassen, an die man gerne und mit einem positiven Gefühl zurückdenkt.

ICH SELBST
BIN DAS WUNDER

Burcu Arslan

Die Frage nach dem Sinn des Daseins ist praktisch so alt wie die Menschheit. Philosoph*innen, Schriftsteller*innen und Dichter*innen versuchen seit Jahrhunderten, eine Antwort auf diese Frage zu finden. Die Einfachheit oder Komplexität liegt dabei in dem Wesen der fragenden oder antwortenden Person verborgen. Ob die Antwort kurz oder lang ist, eindeutig oder verwoben, bruchstückhaft oder vollständig, sagt im Grunde nichts über ihren Wert aus.

Unser Gehirn ist, metaphorisch gesprochen, eine Sinn-Suchmaschine, die in Bruchteilen von Sekunden hinter den Eindrücken und Reizen des Lebens Muster, Systeme oder Strukturen sucht. Folglich ist die Lieblingsfrage der Menschen: Warum?

Dabei hat jedes Individuum sein eigenes Muster und somit auch eine ganz persönliche Antwort auf die Frage nach dem Sinn des Daseins.

Doch als *copy-and-paste*-Generation sind wir es gewohnt, Antworten in Bruchteilen von Sekunden von digitalen Suchmaschinen zur Verfügung gestellt zu bekommen. Doch die Antwort auf die Frage kann weder die Suchmaschine noch unser Lieblingsmensch für uns bereitstellen. Wir müssen sie selbst suchen und finden. Und das immer wieder aufs Neue. Dass die Frage mit der Zeit eine neue Tiefe erreicht oder dass wir die Antwort modifizieren, ist dabei ein Zeugnis für unsere Entwicklung. Bedenke, dass Veränderungen die einzige Konstante in unserem Leben sind. Anstatt uns vor diesen zu fürchten, lass sie uns begrüßen und annehmen. Häufig gehört mehr Mut dazu, seine Meinung zu ändern, als ihr treu zu bleiben.

Bei der Sinnfindung ist, meiner Meinung nach, der Weg das Ziel. Die Welt, in der wir heute leben, wird immer schnelllebiger und leistungsorientierter. Wir suchen ständig nach neuen Abenteuern oder der nächsten Belohnung und sind immer schneller gelangweilt. Wir streben nach immer mehr und rasten nicht genug. Daher ist es nicht überraschend, dass unser endloses Streben nach immer neuem Glück und neuer Zufriedenheit einer Hetzjagd gleicht. Folglich erleben wir unser eigenes Dasein nur noch als Zeitraffer, so als wären wir Zuschauerinnen in einem Film und nicht die Hauptperson. Plötzlich stehen wir da, beraubt um das Wissen, wer wir eigentlich sind, wer wir sein wollen und was unsere Bestimmung in dieser Welt der Reizüberflutung ist. Dabei ist genau das der notwendige Kompass, den wir benötigen, um uns durch die verschiedenen Lebenslagen zu navigieren.

Meine Antwort wird nicht deine sein, und das soll sie auch nicht.

Sonst wärst du ja ich, aber du bist du, vergiss das nicht.

Wissenschaftler*innen und Philosoph*innen sind sich nie einig geworden, und sicherlich werden wir zwei uns heute auch nicht in allen Aspekten einig werden. Daher ist dies nur ein Versuch, einen Bruchteil meiner Gedanken aufs Papier zu bringen. Hierbei erhebe ich keinen Anspruch auf Vollständigkeit oder Richtigkeit, sondern lediglich auf Menschlichkeit.

Ich bin keine Philosophin. Ich bin keine Theologin. Ich bin keine Psychologin. Ich bin keine Geisteswissenschaftlerin. Ich bin keine Mystikerin. Und doch habe ich eine Antwort auf die Frage nach dem Sinn meines Lebens.

Dürfen nur Psycholog*innen in die Seele blicken und Theolog*innen die Religionen ergründen?

Ich sage bewusst, was ich alles nicht bin, denn es reicht, dass ich Mensch bin.

Wir müssen nicht derartige Berufe ausüben oder Zertifikate erlangen, um uns selbst zu ergründen und die Mission unseres Lebens zu verstehen. Man ist selten ein Leben lang nur in einer Rolle. Keine*r von uns ist von der Geburt bis zum letzten Atemzug ausschließlich ein*e Abenteurer*in, ein*e Forscher*in oder ein*e freiwillige*r Helfer*in. Vielmehr sind wir als Menschen ein komplexes Gefüge von verschiedenen Rollen, die sich permanent wandeln. Und mit jeder Rolle, die wir einnehmen, jeder Sprache, die wir sprechen, jeder Person, der wir begegnen, lernen wir im Grunde uns selbst besser kennen.

In diesem Sinne: Alles, was ich war, ist ein Teil von dem, was ich heute bin. Doch steckt heute viel mehr in meinem Wesen als alles, was ich bisher gewesen bin. Und morgen werde ich sicherlich viele weitere verborgene Talente und auch Wunden entdecken, die mich weiter formen werden und sich über meine Vorstellung hinaus erstrecken.

So schwer es auch scheint, eine Antwort auf die Frage nach dem Sinn des Daseins zu finden, manches ist offensichtlich. Irgendwann hat sich jede*r einmal diese Frage gestellt. Wen auch immer man danach fragt: Entweder machen die Menschen nur große Augen und zucken mit den Schultern oder sie antworten jedes Mal anders. Wenn es nach Tausenden von Jahren niemandem gelungen ist, eine eindeutige Antwort zu finden, sollten wir dann vielleicht die Frage noch einmal überdenken?

Aus dieser vermeintlich einfachen und kurzen Frage ergeben sich eine ganze Reihe weiterer Fragen: Wer bin ich? Warum bin ich auf dieser Welt? Habe ich eine Bestimmung oder eine Lebensaufgabe? Ist es das wert? Welche Rolle spiele ich in diesem Universum? Was passiert eigentlich nach dem Tod?

Bei der Suche nach Antworten nach dem Sinn des Daseins steht uns die Welt offen. Auf diesem Weg spielen insbesondere Herz und Seele eine essenzielle Rolle. Seinen Platz in der Welt zu finden, kann uns dabei helfen, einen Anker zu setzen, um innerlich zu ruhen. Das ist bemerkenswert und beängstigend zugleich, denn wir können alles zum Sinn unseres Daseins erklären oder auch uns selbst auf der Suche verlieren. Ich glaube daran, dass die Antwort nach dem Sinn meines Daseins bei *Allah* verborgen ist und meine Reise zu ihm gleichzeitig auch eine Reise zu mir ist.

Der Sinn meines Lebens spiegelt sich in meinem Lächeln wider. Auch wenn Schicksalsschläge immer wieder versuchen, ein Loch in meinem Herzen zu hinterlassen, ist mein Weg, als Antwort meine Grübchen vorzuschicken. Als Kind konnte ich mit diesen Dellen in meinem Gesicht, die sonst niemand in meiner Familie hat, nicht viel anfangen. Irgendwie war ich immer anders, sowohl vom Aussehen als auch von meinen Gedanken her. Ich verstand vieles noch nicht, und heute weiß ich, dass ich niemals alles verstehen werde. Aber die Kraft des Lächelns ist mein Leuchtturm in stürmischen Phasen geworden. Mittlerweile sind meine Grübchen mein wertvollster Besitz, den ich liebend gerne an Familie, Freunde und Fremde verschenke. Auch wenn diese Grübchen so viele Tränen aufgefangen haben, dass ein Ozean entstehen könnte, ist mein Weg, diesen Ozean mit Leben erblühen zu lassen.

In meiner Welt ist die Frage nicht, ob das Glas halb voll oder halb leer ist. In meiner Welt bin ich gleichzeitig dankbar dafür, ein Glas zu haben, das zur Hälfte gefüllt ist, und strebe im gleichen Moment danach, dieses Glas komplett zu füllen. Dabei ist das eigentliche Ziel nicht, ein volles Glas zu haben, sondern mein Bestmögliches zu tun und mich selbst bei diesem Versuch zu übertreffen. Und selbst wenn ich das Glas mal fallen lassen sollte und es zerbricht, dann klebe ich es wieder zusammen. Meine Aufgabe ist nicht, das vorhandene Wasser zu erhalten, sondern mit diesem Glas in der Hand meinen Lebensweg zu bestreiten und am Ende das zerbrochene Glas ohne Inhalt genauso wertzuschätzen wie das halbvolle.

Ich nehme die Steine, die mir das Leben zur Verfügung stellt, und versuche, daraus etwas zu bauen. Da ich eine miserable Handwerkerin bin, gelingt es mir nicht oft und selten beim ersten Versuch. Aber ich setze mich nicht neben die Steine und warte auf ein Wunder – denn ich selbst bin das Wunder. Meine Augen, die sehen, meine Ohren, die hören, mein Herz, das schlägt, sind die Wunder, die das Leben lebenswert machen. Und solange ich mit Gesundheit gesegnet bin, ist der Sinn meines Daseins, dankbar anzunehmen, was mir geboten wird, um daraus Schlösser zu bauen im Streben nach Selbsterfüllung und auf der Suche nach Freiheit. Bei aller Liebe zur Perfektion: Es sind nicht die Fehler, die hierbei zählen, sondern die Lektionen, die wir daraus auf dem Weg lernen. Selbst wenn diese Flügel mich nicht zum Mond tragen könnten, wird es dennoch immer mein Ziel sein, nach den Sternen zu greifen. Zu fallen wäre nicht fatal, es nicht zu wagen, wäre es. Das Leben ist zu kurz und zu wertvoll, um es bereits im Kopf einzuschränken.

Menschen schämen sich, das Haus zwei Tage in Folge mit demselben Outfit zu verlassen, aber machen sich keine Gedanken darüber, dass sie das Haus tagelang, wochenlang, vielleicht sogar jahrelang mit denselben Gedanken verlassen.

Suche deine Antwort nicht am anderen Ende der Welt, sondern in einer unentdeckten Ecke deiner Seele. Du kannst umherwandern, brauchst es aber nicht. Denke daran: Die Antwort liegt nicht in der Ferne, sondern in der Tiefe!

Die Suche nach dem Sinn des Lebens ist ein nicht endender Prozess. Solange wir atmen, neue Eindrücke erleben und mit unseren Erfahrungen wachsen, wird die Frage nach dem Sinn des Daseins auch gemeinsam mit uns Höhen und Tiefen erleben. Entscheidend ist, dass wir uns dessen bewusst sind und uns in regelmäßigen Abständen die Zeit dafür nehmen, uns selbst neu kennenzulernen und unsere Antworten zu den Fragen des Lebens zu überdenken.

Ich bin dankbar dafür, in demselben Jahrhundert zu leben wie du. Wie schön, dass sich unsere Gedanken auf dieser Seite gekreuzt haben. Als Dank dafür, dass du mir einen Teil deiner Lebenszeit geschenkt hast, habe ich versucht, dir hier einen Teil meiner Gedankenwelt zu offenbaren. Nun gehören diese Gedanken auch zu dir. Sie werden mit dir sicher auf wundervolle Reisen gehen und zu unvorstellbaren Träumen und Zielen heranwachsen. Schön, dass es dich gibt.

KOMPLEXITÄT UND BANALITÄT UNSERES SEINS – EIN IMPULS

Natalia Amina Loinaz

Der Sinn des Lebens. Die Suche nach dem eigenen Sinn in diesem Leben kann erdrückend sein. Belastend und auch zermürbend. Erdrückend, belastend, zermürbend – drei Adjektive, die zunächst eine Schwere des Themas und meines Beitrages offenbaren könnten. Zumindest empfinde ich die Frage nach meinem Sinn in diesem Leben zuallererst als eine Aufforderung, (noch) mehr zu tun. In unserer auf Leistung ausgerichteten Gesellschaft ist das wohl eher meine persönliche Prägung und Geschichte, die hier spricht.

Du bist wert(voll), wenn du etwas leistest und hinterlässt.

Ich bin Ehefrau und Mutter zweier Töchter, ich bin Akademikerin und Berufstätige in der sozialen Projektarbeit, ich bin gesamtgesellschaftlich und in den muslimischen Communities engagiert, ich bin Tochter, Schwester, Freundin, Kollegin.

Und ganz oft bin ich auch einfach Mensch. Und ich bin Muslimin, was wohl der Grund dafür ist, dass ich hier meine Gedanken aufschreibe.

Hier könnte der Text auch schon zu Ende sein, wenn die Komplexität der Frage sich nicht auch in der Komplexität meiner eigenen Identität aufzeigen würde.

In meiner Selbstdefinition bin ich nicht nur komplex und vielschichtig, sondern auch in einem ständigen Veränderungsprozess. Obwohl ich vieles, was ich hier von mir gebe, in erster Linie auf mich beziehen werde, glaube ich, dass die eine oder andere Person sich in diesen Gedanken wiederfinden kann. Denn schließlich sind wir Menschen – bei all unserer Einzigartigkeit und Komplexität – sehr ähnlich gestrickt.

Was uns vor allem ausmacht, ist unsere Vergänglichkeit, unsere Zusammensetzung aus Verstand, Seele, Herz und Emotionen sowie unser Streben nach Bedürfnisbefriedigung.

Nun, das ist mein Versuch, diese Komplexität anhand einiger Erkenntnisse zu banalisieren und zu erläutern, die ich im Laufe meines Seins aus islamischer Perspektive erlernen durfte.

Vergänglichkeit

Ein Ausspruch (ein *Hadith*) des Propheten kann ich mir nicht oft genug in Erinnerung rufen. Es ist eine schöne Parabel über das Diesseits und unser Dasein als Menschen. Der Prophet Muhammad (*Fsmi*) soll sinngemäß das Diesseits einmal so erklärt haben:

„Wenn wir uns ein Meer vorstellen und darin unser eigenes Leben, dann ist es so, als wenn ich den Finger in das Meer eintauche und wieder herausziehe."

So kurz (und vielleicht auch banal) im Vergleich zur Gesamtbetrachtung allen Lebens.

Und *Allah* sagt sinngemäß im Koran: „Und ein jeder wird den Tod kosten." (Koran 29:57)

Unsere Zusammensetzung aus Verstand, Seele, Herz und Emotionen *(Nafs)*

Dazu empfehle ich, sich mit großen muslimischen Gelehrten des *Tasawwufs* (Charakterreinigung) zu beschäftigen, die sich mit dem Menschen und seinen (An-)Trieben auseinandergesetzt haben. Allen voran denke ich da an Al-Ghazali, weil er im deutschsprachigen Raum neben Rumi am häufigsten übersetzt wurde.

Al-Ghazali sagt in seinem Werk „Ayyuhal Walad – Oh Kind" dazu:

> „Ferner wisse, dass Tasawwuf zwei Eigenschaften besitzt: Aufrichtigkeit mit Allah ta 'ala und Ruhe mit den Menschen. Wer also aufrichtig mit Allah, erhaben und mächtig sei Er, ist und den Menschen mit gutem Charakter begegnet und sie mit Sanftmut behandelt, der ist ein Sufi. Und die Aufrichtigkeit besteht darin, dass er seine eigenen Interessen dem Gebot Allahs des Erhabenen opfert. Und ein guter Charakter gegenüber den Menschen ist, deine Mitmenschen nicht mit dem zu belasten, was du selbst begehrst, sondern dir eher die Last ihrer Wünsche auferlegst, sofern diese nicht der Scharia entgegenstehen."

Die Banalität der Bedürfnisbefriedigung

Wir Menschen sind uns in einem Punkt sehr ähnlich. Wir alle müssen unsere niederen Bedürfnisse erfüllt sehen, um auf höhere Stufen der Erkenntnisbefriedigung zu gelangen. Wenn unsere Grundbedürfnisse nach Freiheit, Sicherheit, Gesundheit, Wohnen und Nahrung nicht erfüllt sind, können wir uns nur schwer mit Wissen und größeren Erkenntnissen beschäftigen. Dazu reicht eine Beschäftigung mit der Maslowschen Bedürfnispyramide bei Weitem nicht aus. Psychologie und Tools zur Persönlichkeitsentwicklung können neben der islamischen Lehre hilfreich sein, um einen guten Umgang mit der eigenen Banalität der Bedürfnisbefriedigung zu finden.

Eine Überlieferung, die Ali (*Fsmi*) zugesprochen wird, eignet sich hervorragend als Schlusswort zu meinen Gedanken zum Thema „Sinn des Lebens":

> „Wer denkt, dass er ans Ziel kommt, ohne dafür zu kämpfen, ergeht sich in eitlem Wunschdenken, und wer denkt, dass er aufgrund seiner bloßen Anstrengungen das Ziel erreicht, der entbehrt Allahs Gnade."

Ein Impuls.
Mehr kann der Text in seiner Länge nicht sein.
Eine Anregung, sich mit der Komplexität und Banalität unseres Seins auseinanderzusetzen.

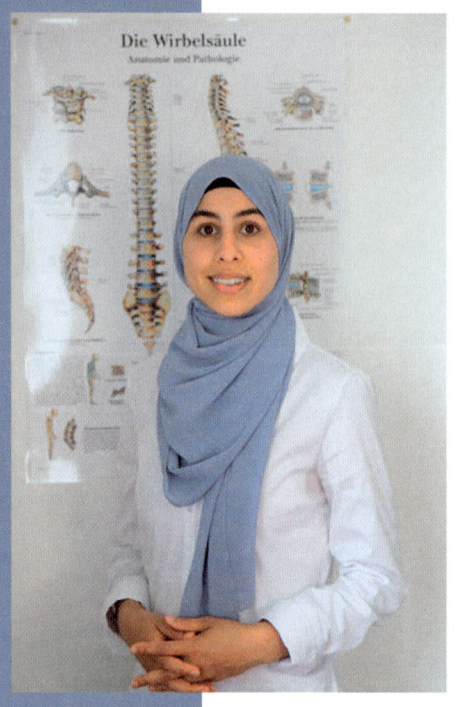

ENTFALTE DEIN VOLLES POTENZIAL – IMPULSE ZU EINEM GLÜCKLICHEN UND ER-FOLGREICHEN LEBEN

Boshra Amasha

Bist du unzufrieden damit, wie dein Leben bisher verlaufen ist? Fühlst du dich innerlich leer und hast den Sinn des Lebens aus den Augen verloren?

Ich habe eine paar Impulse für dich zusammengestellt, weil es mein inniger Wunsch ist, dass du beginnst zu leben und das Leben zu genießen. Erkenne dein volles Potenzial, welches Gott dir gegeben hat, und setze es gezielt auf diesem Erdball ein.

Erkenne den Sinn DEINES Seins! Ich bin eine große Freundin des Machens, deshalb: Lass uns gleich loslegen!

Impuls 1: Sei unzufrieden!
Vielleicht hast du eine ähnliche Vorstellung vom Leben, so wie ich sie damals hatte.
Um auf diesem Planeten zu (über-)leben, solltest du ...
1. ... etwas Ordentliches lernen, am besten studieren. Mindestens den Master machen. Nein, den Doktor natürlich!
2. ... und neben deinem Studium: irgendetwas arbeiten. Hauptsache einen Job.
3. ... und dann mit dem verdienten Geld einfach „leben" oder – besser gesagt – überleben.
So sah mein Leben auch aus. Ich studierte und arbeitete nebenbei.

„Endlich! Wochenende!", hast du diesen Gedanken auch regelmäßig? Unter der Woche „Luft anhalten", durchhalten und dich täglich nach dem Wochenende sehnen ...

Und wenn es endlich da ist: chillen! Nichts tun! Das Leben in vollen Zügen „genießen". Bei mir war es lange so. Doch ich spürte in mir die Sehnsucht nach mehr. Etwas in mir schlummerte, wollte sich entfalten. Doch meine Eltern haben mir immer beigebracht, zufrieden zu sein. Unzufriedenheit ist etwas Schlechtes und sollte nie aufkommen. Doch ich WAR unzufrieden und redete mir ständig ein: „Ich sollte endlich zufrieden damit sein, wie es ist. Ich sollte endlich damit zufrieden sein, wie ich bin!" Doch ich war schlicht und einfach unzufrieden mit meinem Leben. Es schlich sich in mir immer wieder die Frage ein: Warum sollte ich mit einer Situation zufrieden sein, die ich ändern KANN?

Und genau das möchte ich dir in erster Linie mitgeben: Dinge, die du ändern kannst, SOLLST du ändern! UNZUFRIEDENHEIT ist GUT für dich, solange du sie als treibende Kraft nutzt, um etwas zu ändern!

Impuls 2: Think BIGGER than big! Start your passion – Start your journey!

Du bist es etwas Besonderes. Ja, du bist einzigartig! Dein Schöpfer hat dich mit bestimmten Fähigkeiten ausgezeichnet. Mit einer Fähigkeit, die du einsetzen darfst, um unseren Planeten damit zu bereichern! Ja, du bist ein*e Superheld*in! Die Frage ist: Bist du dir dessen schon bewusst?

Deine Aufgabe ist es herauszufinden, welche Hero-Eigenschaften du besitzt. Zugegeben, sie sind nicht immer gleich erkennbar, oft braucht es eine Zeit, in der man sich genau mit sich selbst auseinandersetzen darf, und genau dazu möchte ich dich animieren:

1. Was kannst du besonders gut?

2. Was bereitet dir Freude?

Nun priorisiere beide Punkte, verbinde sie und finde den Weg zu deiner Berufung!

Auch ich habe mich intensiv damit auseinandergesetzt, seitdem brenne ich! Ich brenne für meine gigantischen Visionen, die größer sind als ich selbst. Doch das war gar nicht so einfach! Kennst du diese widersprüchlichen Stimmen im Kopf, die dich blockieren? Die versuchen, dich in deiner Komfortzone zu halten? Stimmen, die alles infrage stellen: Tue ich das Richtige? Ich kann meinen alten Job doch nicht einfach kündigen. Schaffe ich das Neue überhaupt? Ich kenne mich doch gar nicht aus! Es könnte unangenehm werden. Ich fühlte die Blockade in mir und vielleicht tust du das auch. Die gute Nachricht ist: Sie lassen sich löschen, sodass du unstopable wirst!

Impuls 3: To be the best you have to learn from the best! Erfolgreiche Menschen faszinierten mich schon immer. „Wie haben die es geschafft?", fragte ich mich immer wieder. Hatten sie auch Zweifel oder gar Ängste? Oder sind das alles nur Gauner und Betrüger? Ich be-

gann mich intensiver mit erfolgreichen Menschen auseinanderzusetzen und entdeckte das Buch „Die Geset-
ze der Gewinner" von Bodo Schäfer. Ich las immer mehr
über erfolgreiche Menschen, über deren Lebenseinstellung, Routinen und Denkweisen. Das Erstaunliche
war, dass ich immer und immer wieder zur Erkenntnis
kam: Genau DAS lehrt mich doch mein Glaube, der Islam. Es war verblüffend! Das Buch „The Muslim Entre-
preneur. 10 Success Principles from the greatest Muslim Entrepreneurs" von Oumar Soule bestätigte meine
These:

Gott will, dass du erfolgreich bist.

Gott will, dass du reich bist.

Gott will ausschließlich das Beste für dich,

und das auf alle Lebensbereiche bezogen.

Gott will, dass du glücklich bist.

An diesem Punkt legte ich ein Versprechen ab: Von jetzt
an möchte ich mein Leben selbst in die Hand nehmen.
Ich möchte das tun, was mich erfüllt, was MICH ausmacht UND: Ich möchte etwas hinterlassen, bevor ich
diesen Planeten verlasse, sozusagen meinen Beitrag
leisten. Ich möchte MEHR als nur zu überleben! Ich
möchte in Fülle leben und eine reichende Hand für die
Menschen um mich herum sein. Vor allem für diejenigen, die in miserablen Umständen aufwachsen und es
bitter nötig haben. „Ist es nicht meine Verantwortung
zu helfen, wo die Umstände doch so für mich spre-

chen?", fragte ich mich selbst. Ja, das ist es! Ich bin überzeugt, dass es die Pflicht eines jeden Menschen ist, sein Bestes zu geben, um Besseres zu hinterlassen.

Aber WIE soll ich das Ganze nun umsetzen? „Lerne von denen, die weiter sind als du." Dieser Satz, den ich einst bei „TEDx Talks" zu hören bekam, brannte sich in mir ein. Somit machte ich mich auf die Suche nach Menschen, die genau das erreicht haben, was ich gerne erreichen möchte. Ich suchte mir Coaches, einen Mentor und kann nur sagen: Es war die beste Entscheidung meines Lebens.

Ich wachse täglich über mich hinaus, weiß, welche Schritte notwendig sind, um meine Träume zu erreichen, und liebe das, was ich tue. Jeden Tag komme ich meinen Träumen näher. Ich genieße den Weg und weiß mit absoluter Sicherheit: Ich werde auf dieser Welt noch so viel erreichen und bewirken. Darüber bin ich so glücklich und dankbar.

Impuls 4: Verbinde dich stets mit deinem Ursprung!
Auch wenn alles auf den ersten Blick so rosig erscheint: Auf deinem Weg zu dir selbst werden Tausende von Fragen aufkommen, auch Zweifel und Ängste. Sei dir dessen bewusst, dass du die größte und liebevollste Macht an deiner Seite hast, nämlich Gott! Wusstest du, dass Gott dauerhaft zu dir spricht?! Die Frage ist: Hörst du ihm zu?

Es geht darum, dass du dich mit deinem Ursprung verbindest und ihn um Rat bittest (Stichwort: „Das Gebet zur Eingebung der richtigen Entscheidung") ... und das TÄGLICH! Er wird dir Antwort geben und dir helfen. Weniger mit Worten, vielmehr mit einem Gefühl in deinem Herzen ... Entscheide dich für ein Leben voller Vertrauen und Hingabe. Es wird dir eine ordentliche Portion Kraft und Mut geben – zwei Dinge, die du definitiv auf dieser Reise brauchen wirst. Außerdem wirst du das Gefühl haben, dass dich jemand von oben nach vorne pusht und dir den Weg leichter macht.

Zum Abschluss: Ich möchte dir sagen, dass es das Wertvollste ist, durch deine Gaben und Stärken einen sinnvollen Beitrag für die Welt zu leisten und nützlich zu sein. So wie es unser größtes Vorbild, der Prophet Muhammad (*Fsmi*) gelehrt hat: „Der beste Mensch ist derjenige, der den Menschen am nützlichsten ist." Verliere dabei nie die Verbindung, die Hoffnung und das Vertrauen in deinen Schöpfer.

Ich möchte dich daran erinnern, dass es eine gottesdienstliche Handlung ist, diesseitigen Erfolg (damit gleichzeitig auch den jenseitigen Erfolg!) mit einer reinen Absicht anzustreben.

Wisse, dass Gott stets mit dir ist und es sich lohnt, an dich selbst und an deine Träume zu glauben und diesen nachzueifern!

Und gerade deswegen …
1. … sei unzufrieden!
2. … think BIGGER!
3. … learn from the best
4. … verbinde dich stets mit deinem Ursprung!
 … Dann kann auch nichts mehr schief gehen!

Bleib optimistisch, gehe erhobenen Hauptes mit offenem Blick und aufrechter Haltung durch deine Welt. Und schalte vor allem den inneren Kritiker, die inneren Stimmen in deinem Kopf ab, die dich blockieren und abhalten. Im Grunde genommen leidest du mehr in der Vorstellung als in der Realität! Eine Studie zeigte, dass tatsächlich nur 15 Prozent unserer Sorgen wahr werden und davon 80 Prozent viel leichter gelöst werden können, als man zuvor angenommen hat! Behalte dies im Hinterkopf und gehe optimistischer durch dein Leben. So schlimm kann es nicht werden. Höchstens GENIAL! Just do it!

Ich hoffe, ich konnte dich damit ein wenig inspirieren und dir deutlich machen, dass du den goldenen Schlüssel des dies- und jenseitigen Erfolgs bereits in deinen Händen trägst! Die Frage ist: Nutzt du ihn?

Ich wünsche dir von Herzen das Allerbeste! Just be yourself.

GUTES TUN,
VERANTWORTUNG FÜR
DIE GESELLSCHAFT
ÜBERNEHMEN

Sümeyra Altintas

Es werden einige, wenige Eindrücke aus meinem Leben nicht ausreichen, um dir den Sinn meines Daseins zu erklären. Doch was ich tun kann, ist, dir von meiner Reise zu meinem „Ich" zu berichten. Um den Sinn des Lebens zu hinterfragen, sollte sich der Mensch erst einmal als ein Individuum wahrnehmen und sich als wertvolles Lebewesen schätzen. Da allein durch die Existenz der Sinn des Lebens nicht erfüllt ist, beginnt im zweiten Schritt die Suche nach einem Schöpfer und damit einhergehend nach dem Sinn der Schöpfung. Wie heißt es so schön: „Wer sucht, der findet auch." Erst, wenn man in seiner Persönlichkeitsentwicklung dieses Stadium erreicht hat, kann man seinem Dasein eine Sinnhaftigkeit verleihen. Grundsätzlich sollten wir Muslime und Musliminnen unsere Religion immer wieder als Anhaltspunkt nehmen.

Dadurch, dass ich bereits in meinen jungen Jahren den Mehrwert meiner Existenz hinterfragt habe, entdeckte ich immer wieder neue Facetten meiner Persönlichkeit. Wir wissen alle, dass unsere Zeit sehr wertvoll ist und wir im Jenseits sogar zur Rechenschaft dafür gezogen werden, wie wir sie verbracht haben. Genau diese wertvolle Zeit nutze ich für die Gestaltung meines Lebens und Erweiterung meines Horizonts.

Ich fand in verschiedenen Abschnitten meines Lebens immer wieder in bestimmten Zitaten, Versen aus dem Koran oder Überlieferungen von unserem Propheten (*Fsmi*) Trost und Hoffnung zugleich. Diese regen mich jedes Mal zum Nachdenken an und inspirieren mich immer wieder aufs Neue. Um mir selbst den Sinn meiner Schöpfung in Erinnerung zu rufen, denke ich an folgenden Vers aus dem Koran:

> „Diejenigen aber, die glauben und Gutes tun und sich vor ihrem Herrn demütigen, sind die Bewohner des Paradieses; darin sollen sie auf ewig verweilen." (Koran 11:23)

Immer wenn ich mich tiefgründig mit diesem Vers auseinandersetze, stelle ich folgende Fragen in den Raum: „Was meint *Allah* mit guten Taten? Was muss ich tun, um im ewigen Paradies verweilen zu dürfen?"

Ich beantworte diese Frage für mich so: Schaue dir die Werte und Normen deiner Religion an, nimm sie wahr und verkörpere sie. Tu alles mit der Absicht, *Allahs* Wohlgefallen zu erlangen. Mache dir Gedanken über gute Taten und setze diese um! Motiviere dich, indem du dir vorstellst, wie du im Jenseits auf die Frage „Wie hast du deine Zeit in dieser Welt verbracht?" mit einem Lächeln antworten kannst. Vergiss jedoch nicht, dass zum Zeitpunkt des Jüngsten Gerichts nicht du als Individuum sprechen wirst, sondern deine Körperteile. Diese werden in dem Augenblick deine Taten und Absichten bezeugen oder im schlimmsten Fall abstreiten.

Meine Eltern erzogen mich zu einem aufrichtigen Menschen und vermittelten mir sehr früh die Bedeutung und Wichtigkeit eines ehrenamtlichen Engagements. Schon seit meiner Jugend habe ich in sehr vielen gemeinnützigen Vereinen mitgewirkt. Gesamtgesellschaftliche Eindrücke, positive und negative Erlebnisse und prägende Erfahrungen habe ich verinnerlicht und somit den Sinn meines Lebens für mich definiert. Das Gute, wovon in dem eben aufgeführten Vers die Rede ist, assoziiere ich pragmatisch mit meinem ehrenamtlichen Engagement. Um im ewigen Paradies verweilen zu dürfen, übernehme ich Verantwortung für die Gesellschaft und setze mich für ein gerechtes und barrierefreies Leben für Menschen mit und ohne Behinderungen ein.

Seit 2017 engagiere ich mich im *Interkulturellen Institut für Inklusion e.V.* Im Rahmen meines Engagements besetze ich derzeit die Position der zweiten Vorsitzenden. Wir sind eine Gruppe von jungen, engagierten Musliminnen und Muslimen, die durch ihren ehrenamtlichen Einsatz für das Thema Inklusion einen positiven Beitrag zum gesellschaftlichen Miteinander leisten möchten. Unsere größte Motivation ist, das Ideal einer gerechten Welt ohne Barrieren, in der alle Menschen, unabhängig von Behinderung, Geschlecht, Religion, Hautfarbe, Herkunft und Sprache das Recht erhalten, ein vollwertiges Mitglied der Gesellschaft zu sein und ein menschenwürdiges Leben zu führen. Das Thema Inklusion hört bei mir mit dem Ehrenamt nicht auf. Ich habe es zu meiner Lebensaufgabe gemacht, sodass mein Beruf und Studium ebenso im Inklusionskontext angesiedelt sind. Meine Expertise liegt hierbei in den unterschiedlichen Bereichen der barrierefreien Kommunikation und der Sinnesbehinderungen mit dem Schwerpunkt der Taubblindheit.

Obwohl das Thema Inklusion in den letzten Jahren sehr präsent geworden ist, können wir als Bevölkerung auch im 21. Jahrhundert immer noch nicht von einer inklusiven Gesellschaft sprechen. Die Mehrheitsgesellschaft hat bis heute nicht verstanden, dass das Resultat von *Teilhabe* und *Teilgabe* eigentlich ein *Teilsein* ergibt.

Es löst tiefen Schmerz in mir aus, wenn Menschen, deren Herzen versiegelt sind, nicht gerecht sind und die Autonomie von Menschen mit Behinderung missachten oder ignorieren.

Ich sehe den Sinn meines Daseins darin, mich all den Hürden gegenüberzustellen und Menschen für dieses Thema zu sensibilisieren, um somit Herzen zu erobern. Denn der Sinn meines Lebens spiegelt sich in den Gesichtern meiner benachteiligten Mitmenschen und ihren Angehörigen wider.

Leider leben wir als Gesellschaft sehr egozentrisch. Es fällt uns schwer, die Balance zwischen Familie, Religion, Arbeit, Selbstverwirklichung und Engagement zu halten. Wir fokussieren uns zu sehr auf bestimmte Lebensbereiche und streben darin eine Vollkommenheit an. Die Erfüllung liegt aber nicht in der Perfektion, denn durch solch ein Denkmuster setzen wir uns selbst unbewusst Barrieren. Wir sollten eher im Einklang mit den vorhandenen Ressourcen stehen und nicht ständig zwischen Leben und *sinnvoll* Leben einen Spagat machen.

Ich stelle mir jedes Mal mit dem Beginn einer Vorstellungsrunde die Frage, wer ich denn eigentlich bin. Bin ich nur ein Lebenslauf? Bin ich die Rolle, die ich jetzt einnehme? Oder bin ich die Verantwortung, die ich übernehme?

All das sagt nichts über meinen Geist und den Sinn meines Lebens aus. Doch was ich in meiner Wenigkeit weiß, ist, dass mein Dank dem allmächtigen Schöpfer gebührt, der mich erschaffen hat und mir in all meinem Handeln und Tun die Möglichkeiten lässt, eine Sinnhaftigkeit als Individuum haben zu dürfen.

GIBT ES IN DEINEM LEBEN EINEN WENDE- PUNKT?

Was ist denn eigentlich ein Wendepunkt? Man könnte einen Wendepunkt als einen Moment im Leben eines Menschen bezeichnen, der signifikant dazu beigetragen hat, dass sich das Leben oder die Lebenseinstellung einer Person schlagartig verändert. Meist hat ein Wendepunkt einen positiven oder sogar erleuchtenden Einfluss auf das Leben der jeweiligen Person.
Es kann sogar sein, dass so ein Moment oder Ereignis das Leben in klar abgegrenzte Kapitel unterteilt. Es gibt sozusagen ein Leben davor und danach.

BARMHERZIGKEIT
IS THE KEY
Sabine Megharia

Bismillahir-Rahmanir-Rahim. Heute erzähle ich meine Geschichte. Meine Absicht dabei ist, anderen Müttern oder auch Nicht-Müttern, die gerade eine schwere Zeit durchmachen, Mut zu machen. Vielleicht erkennt sich die ein oder andere Person in meiner Geschichte wieder und kann daraus Kraft und Inspiration schöpfen.

In meiner Familie war Religion schon immer ein Thema. Meine beiden Großmütter waren sehr gottergebene Frauen. Die eine als Christin, die andere als Muslima. Sogar Tür an Tür wohnten die beiden als Nachbarinnen in einem Dorf in Kasachstan, damals noch Teil der Sowjetunion. Aber das ist eine andere Geschichte. Gott habe sie selig. Mit etwa 16 Jahren fing ich an, mich intensiv mit dem Islam auseinanderzusetzen, und ich fand für mich sehr viel Wahrheit. Diese Wahrheit legte sich wie eine warme Decke um mich. Und dieses Gefühl ist bis heute geblieben.

Etwa zehn Jahre, eine Heirat und zwei Kinder später, dachte ich, dass ich bereits eine sehr starke Verbindung zu Gott aufgebaut habe. Ich spürte ganz deutlich eine tiefe Dankbarkeit. Ich war mir meines Glücks vollkommen bewusst. Ich dachte, ich wäre mit diesem Bewusstsein schon super weit gekommen – aber nein, nein, nein. Pustekuchen. Mein Glaube und ich sollten noch auf die Probe gestellt werden. *Subhanallah.*

Es ist Anfang 2020, als der Unfall passiert. Ohne groß ins Detail zu gehen: Ich musste mit meinem Sohn, der damals gerade sieben Monate alt war, für circa drei

Wochen im Kinderspital in Zürich bleiben. Es gibt wahrscheinlich nichts Schlimmeres als die Sorge um das eigene Kind. Plötzlich ist einfach alles andere egal. Alles! Ich hatte das Gefühl, in einem schlechten Traum zu sein. „Ich wache gleich auf", dachte ich. „Ich wache gleich auf! Das kann nicht sein!" Aber es war kein Traum.

Immer wieder betete ich zu Gott, er möge doch alles wieder gut machen. Und zwischendurch fragte ich auch: „Warum, Gott? Warum das alles?" Die Frage nach dem „Warum" führt anfangs immer wieder in eine Sackgasse. Nichts macht in dem Moment überhaupt einen Sinn. Man empfindet eine tiefe Ungerechtigkeit und gleichzeitig fragt man sich, warum man eigentlich verschont bleiben sollte. Schließlich habe ich mit eigenen Augen gesehen, was viele Eltern mit ihren Kindern in diesem Krankenhaus durchmachen mussten. Und dann erst auf der ganzen Welt! Wie viel Schmerz müssen Menschen aushalten? Vielleicht ist Gott uns aber gerade in solchen schrecklichen Ausnahmesituationen ganz nah. So nah, wie er es nur sein kann. Ich meine es deutlich gespürt zu haben. In diesen Momenten purer Verzweiflung sendet er Trost und Hoffnung. Und: Das Ego hält sich heraus! Es hat einfach nichts mehr zu melden, denn wir sind komplett klar. Klar darüber, was wirklich zählt und was absolut bedeutungslos ist.

Was hat das alles mit mir gemacht?

Ich bin ein anderer Mensch geworden. Ich wurde getestet und ich habe bestanden. Für mein Empfinden jedenfalls. Ich stecke den Kopf nicht in den Sand und jammere nicht über mein Unglück. Ich mache das Beste daraus. Ich lerne. Ich nehme an, was kommt. Ich bin dankbar für das, was ich bekomme. Und das, was ich nicht bekomme. Wie undankbar wäre es, tausend gute Dinge wie selbstverständlich anzunehmen, aber eine einzige schlechte Sache abzulehnen?

Wir können das große Ganze ohnehin nicht über-blicken. So wie ich den Unfall in den ersten Tagen und Wochen danach nicht verstehen konnte. Ist es gut für mich oder ist es schlecht für mich? Für meinen Sohn? Wer weiß das schon? Die Zukunft wird es zeigen. Im Moment habe ich nur eine vage Ahnung. Sicher wissen kann ich es nicht. *Allāhu ālam.*

Die andere Sache, die mich der Unfall gelehrt hat, ist Barmherzigkeit. Vor allem für mich selbst. Nach dem Unfall war da nämlich noch die Frage: Wer war dafür verantwortlich? War es meine Schuld, dass es passierte? Mein Mann sagte niemals etwas in dieser Art. Gott sei Dank. Er gab mir nicht das leiseste Gefühl, dass es so sein könnte. Im Gegenteil. Er hat mich wieder aufge-baut. Ich werde ihm dafür ewig dankbar sein. Ich selbst war zunächst nicht so barmherzig mit mir selbst. Es tat mir alles so furchtbar leid. Mein Baby tat mir so leid. Das war unbeschreiblich. Ich habe bestimmt tausend Tränen vergossen. Aber so schrecklich es auch war, eine

Stimme hat immer wieder geflüstert: „Alles wird wieder gut, hab Geduld!" Und so war es auch. Meinem Sohn ging es besser und mir auch. Ich hatte das Gefühl, dass die Bittgebete, die für uns von Familie und Freunden gesprochen wurden, ihre Wirkung gezeigt haben. Dann habe ich mir verziehen. Falls es mein Fehler war, habe ich mir verziehen. Diese große, barmherzige Geste mir selbst gegenüber hat noch mehr bewirkt. Ich habe mir auch alle alten kleinen Fehler verziehen. Ohne sie genau aufzählen zu können. Ich habe es einfach getan. Das war ein unheimlich befreiendes Gefühl. Ich stelle mir vor, wie mein fünfjähriges Ich vor mir steht, und plötzlich bin ich nicht mehr so hart zu mir selbst. Ich würde mich dann am liebsten in den Arm nehmen und dem kleinen Mädchen versichern: „Es ist alles okay, das geht vorüber."

Ganz selbstverständlich kann ich so auch barmherziger mit meinen Mitmenschen sein. Ich muss keinen Groll hegen, gegenüber niemandem, wenn ich sofort verzeihe. Bereits in dem Moment, in dem mir Unrecht getan wird oder ich „geärgert" werde. Schwamm drüber!

In einer Zeit, in der alles und jeder blitzschnell gecancelt wird, braucht es mehr Barmherzigkeit auf der Welt. Es wird so viel gerichtet. Ständig und überall. Bei den Kindern können wir anfangen, etwas zu ändern. Immer öfter hinterfrage ich meine Haltung: „Muss ich jetzt so streng bzw. konsequent sein?" Rein intuitiv möchte ich eigentlich barmherziger sein. Ich glaube fast, dass Barmherzigkeit eine Universallösung für jedes Problem darstellt. Unser Prophet Muhammad (*Fsmi*) ist dabei unser bestes Vorbild.

Barmherzigkeit für mich selbst hat mich auch von meinem Drang zum Perfektionismus geheilt. Gott sei Dank! Wenn etwas perfekt wird, schön. Dann bin ich dankbar dafür. Wird etwas nicht perfekt, auch schön. Ich bin immer noch dankbar dafür. Wie beim Schreiben dieses Textes. Er muss nicht perfekt werden. Es ist, was es ist: Ein Text, geschrieben von einer Dreifach-Mama, die jede Minute an Freizeit nutzen muss. Ich bin mit weniger zufrieden.

Wer weiß, wie ich heute mit meinen Fehlern umgehen würde, wäre dieser Unfall niemals passiert. Ich nehme an, ich hätte mir meine hundert kleinen Fehler niemals verziehen und hätte sie weiter mit mir herumgetragen, statt sie mir selbst einfach zu verzeihen und loszulassen. Loslassen und vertrauen. Nichts in diesem Leben passiert grundlos. Es ist alles miteinander verbunden, aber wir können das große Bild nicht immer gleich erkennen, geschweige denn verstehen. Am Ende bleibt uns nur das Vertrauen zu Gott.

Meinem Sohn Rahim geht es übrigens sehr gut. Von dem Unfall ist nur eine Narbe geblieben. *Alhamdulillah*. Wenn er lacht, geht die Sonne auf.

UNSERE KINDER IN SEINE HÄNDE GEBEN

Mariana Ghali

Kinder gehörten schon immer zu meinem Lebensplan. Leider sollte sich der lang ersehnte Kinderwunsch nicht erfüllen, was mich traurig und oft auch neidisch auf andere Familien machte. Als ich meinen Mann kennenlernte, kaufte ich mir den Koran, um etwas über den Islam zu lernen. Ich hatte den *Koran* erst zur Hälfte gelesen und mir wurde bewusst, dass es genau das ist, woran ich schon immer geglaubt hatte. Es fühlte sich so richtig an. Mit der Konversion zum Islam änderte sich meine Einstellung. Ich vertraute auf *Allah*, dass er für mich den richtigen Plan hatte. Kinderlos zu sein, fühlte sich ab diesem Zeitpunkt nicht mehr so schlimm an. Ich konnte mein Schicksal besser annehmen. Ich war zufrieden und glücklich mit meinem Mann und unserem gemeinsamen Leben. Und dann war ich auf einmal mit Zwillingen schwanger. *Subhanallah.* Ich betete jeden Tag dafür, dass die Zwillinge so lange wie möglich in mir wachsen dürfen. Doch dann hatte ich in der 24. Schwangerschaftswoche Wehen. Die Geburt konnte nicht mehr aufgehalten werden. Plötzlich war ich nicht nur Mutter von Zwillingen, sondern auch Mutter von Extremfrühchen. Mutter von Kindern, die einen hohen Pflegebedarf haben. Und wir wussten nicht, ob sie diesen womöglich ein Leben lang haben würden.

Die vielen Monate im Krankenhaus waren sehr prägend. Wir mussten Entscheidungen treffen, welche ich keinem Elternteil wünsche. Die ersten Wochen auf der Intensivstation waren die schlimmsten. Dreimal mussten wir bei unserer Tochter über Leben und Tod entscheiden. Mir war bewusst, dass ich eine sehr lange Zeit Entscheidungen für meine Kinder würde treffen müssen. Aber dass es ein solches Ausmaß annehmen würde, habe ich mir nicht ausmalen können.

Die erste Entscheidung musste ich treffen, als ich im Krankenhaus angekommen war. Ich sollte bestimmen, ob im Falle einer Notwendigkeit ein Notkaiserschnitt gemacht werden sollte. Ich entschied mich dafür. Mit allen Konsequenzen. An die Details der Gespräche kann ich mich nicht mehr erinnern. Nur, dass eine Hebamme meinte, ich solle mich entspannen. In dieser Situation war das nicht sehr einfach. Als nach ein paar Stunden meine Fruchtblase geplatzt war, schoben sie mich in einen Operationssaal, wo schon ein Ärzteteam auf mich wartete. Ich konnte meine Tränen nicht mehr unterdrücken und dachte nur bei mir: „Nein! Die Kinder sind noch nicht so weit!"

Nachdem ich aus der Narkose aufgewacht war, sagte mir die Krankenschwester, dass sie Fotos von unseren Kindern gemacht hat. Ich konnte mich anfangs nicht überwinden, sie anzusehen. Am nächsten Tag, nachdem ich in der Lage war, allein zu laufen, durfte ich auf die Neonatologie zu unseren Kindern. Mein Mann durfte das Krankenhaus aufgrund von Corona-Bestimmungen nicht betreten. Er durfte lediglich die Krankenhaustasche, die ich bis dato nicht gepackt hatte, an der Information abgeben. Das Wichtigste, das er mir einpacken sollte, war der Koran. Ich wollte in ihm lesen und auch den Kindern etwas vorlesen.

Als ich unsere Kinder zum ersten Mal in ihren Inkubatoren habe liegen sehen, wurde mir klar, wie klein wir Menschen doch sind. Wie ohnmächtig und bedeutungslos. Und wie allmächtig unser Schöpfer ist. Die Mediziner konnten nur Medikamente geben, Operationen durchführen und Maschinen anschließen. Die Entscheidung, ob unsere Kinder in dieser Welt bleiben, hat *Allah* getroffen. Das wurde mir in dieser ganzen Zeit immer klarer. Ich spürte zu diesem Zeitpunkt, dass das Leben ein Test ist. Wir werden täglich auf die Probe gestellt. Und das erlebte ich in den sieben Monaten Krankenhausaufenthalt immer wieder. Für die Neonatologie gab es zwar gesonderte Vorschriften, dennoch haben sie meinen Mann nicht zu mir und zu unseren Kindern gelassen. Da saß ich nun vor den Inkubatoren und sah diese zarten Wesen mit ihren 490 Gramm und 550 Gramm Geburtsgewicht. Sie sahen mit der dünnen Haut, durch die ihre Adern schimmerten, und mit den vielen Schläuchen im Körper gar nicht wie kleine Menschen aus. Ich war geschockt und traumatisiert. Alle sprechen immer darüber, wie toll es ist, Mutter zu sein. Dass es das Schönste auf der Welt ist. Aber niemand spricht darüber, welche Schmerzen man spürt, welche Ängste man hat! Ich habe erlebt, dass diese romantische Vorstellung von Schwangerschaft und Geburt nicht immer der Realität entspricht. Die Gedanken, die man hat, wenn man nicht schwanger wird, obwohl man es sich so sehr wünscht. Die Ängste in der Frühschwangerschaft, ob das Kind bleiben wird. Die plötzliche Entbindung, die die Schwangerschaft nach nicht einmal sechs Monaten abrupt beendete. Man hat keine Zeit, das Ungeborene kennenzulernen, seinen Körper zu spüren und sich auf die Geburt vorzubereiten.

Am folgenden Tag durfte ich endlich meinen Mann sehen. Und er durfte zum ersten Mal unsere Kinder sehen. Er war ebenso geschockt wie ich. Wir lasen viel aus dem Koran, mein Mann rezitierte verschiedene Suren, und wir sprachen Bittgebete. Uns blieb in dieser Situation nichts anderes, als auf *Allah* zu vertrauen.

Am fünften Tag nach der Entbindung musste ich die nächste Entscheidung treffen. Unsere Tochter hatte einen Darmverschluss und musste notoperiert werden. Ich stimmte zu. Bevor sie in den Operationssaal geschoben wurde, rezitierte ich die *Al-Fatiha* und brach zusammen. Es war so schlimm, dieses kleine Wesen wieder zu verabschieden. Denn ich wusste nicht, ob sie die Operation überleben würde. Zum Glück war unser Schöpfer barmherzig und hat dem Chirurgen eine ruhige Hand und unserer Tochter einen starken Willen gegeben.

Ein paar Tage später mussten wir wieder eine Entscheidung treffen. Unsere Tochter hatte stetig abgebaut. Sie nahm keine Mineralien mehr an, litt unter Wassereinlagerungen, bekam jede Menge Medikamente, Insulin und Zucker, da die Bauchspeicheldrüse nicht richtig funktionierte. Ich wartete schon darauf, dass die Nieren versagen würden. Wir entschieden, alle Medikamente abzusetzen. Unsere Tochter war von da an Palliativpatientin. Sie bekam Schmerzmittel, Sauerstoff und Nahrung. Wir haben ihr Leben in *Allahs* Hände gegeben.

> „Er ist's, der euch erschuf aus Staub, alsdann aus einem Samentropfen, alsdann aus geronnenem Blut; alsdann lässt Er euch als Kindlein hervorgehen. Alsdann lässt Er euch die Vollkraft erreichen; alsdann Greise werden – doch einige von euch werden zuvor fortgenommen – und einen bestimmten Termin erreichen; und vielleicht habt ihr Einsicht. Er ist's, der lebendig macht und tötet, und wenn er ein Ding beschlossen hat, so spricht er nur zu ihm: ‚Sei!‘, und es ist." (Koran 40:67–68)

Ich war jeden Tag im Krankenhaus bei den Kindern. Zum Glück durfte ich dort ein Elternzimmer beziehen, da die Fahrt von zu Hause knapp eineinhalb Stunden gedauert hätte. So konnte ich zwar jeden Tag bei unseren Kindern sein, war aber von meinem Mann getrennt. Eine weitere harte Probe, vor die wir gestellt wurden. Als ich beschlossen hatte, eine Nacht zu Hause zu verbringen, um etwas Kraft zu tanken, kam ein Anruf aus dem Krankenhaus. Unserer Tochter ging es wieder schlechter. Sie verlor Blut, aber keiner konnte sagen, wo es blieb. In all diesen Situationen, in denen uns auferlegt wurde, über das Leben oder den Tod unserer Kinder zu entscheiden, musste ich mich an Ibrahim erinnern. Wie er *Allah* vertraut hat. Ich konnte vorher nicht verstehen, wie ein Vater seinen Sohn opfern konnte. Nun verstand ich es. Unsere Kinder sind nicht unser Besitz. Sie sind ein Geschenk. Die Bereitschaft und Hingabe lassen Ibrahim die Prüfung bestehen. Und dieses Gottvertrauen und die Hingabe habe ich in der Zeit im Krankenhaus gewonnen. Mein Glaube hat sich gefestigt und gibt mir viel mehr Sicherheit in meinem Alltag. Und genauso, wie ich Vertrauen in *Allah* gewonnen habe, habe ich auch mit der Zeit Vertrauen in unsere Kinder gewonnen. Ich weiß, sie werden von unserem Schöpfer getragen und behütet.

All diese Erfahrungen haben mich achtsamer und sehr dankbar gemacht. Ich kann unsere Kinder so annehmen, wie sie sind. Ich habe Geduld mit ihnen, auch wenn es nicht immer einfach ist. Ich weiß, sie brauchen ihre Zeit und entwickeln sich in ihrem Tempo. Ich habe aber auch Angst. Angst, dass sie von der Gesellschaft nicht so angenommen werden. Gerade weil Inklusion in unserer Gesellschaft nicht gelebt wird. Mir fällt immer wieder auf, was mir vorher nie in der Weise bewusst war, dass in vielen Bereichen Barrierefreiheit fehlt. Außerdem hat sich mein Glaube gefestigt und auch ich fühle mich von *Allah* getragen. Ich erlebe ihn immer wieder als einen liebenden und barmherzigen Gott. *Alhamdulillah!*

DAS UNTERDRÜCKTE
ICH FINDEN

Karoline Roscher-Lagzouli

Jetzt mache ich nur noch, was ich will!, schreibe ich in jener Marokko-Sommernacht mit schwarzem Filzstift in meinen kleinen roten Kalender, der mir zu einem Schatz wird, den ich ab und zu aus meinem Schreibtisch hervorhole, um diese Kraft, die Stärke, die ich in diesem Augenblick empfand, nie wieder zu vergessen. Die Tage verbringe ich am Strand, sitze im Sand, den die ewigen Atlantikfluten einst brachten und irgendwann wieder mit sich nehmen werden. Unbeirrt und zuverlässig in ihrer Bewegung nehmen sie auch etwas von meinem Schmerz und meiner Last mit sich und hinterlassen eine klare und ursprüngliche Lust auf das Lebendig-Sein.

Ich bin für ein paar Wochen Leichtigkeit nach Marokko zurückgekehrt. In die Ferne, in der ich so viele Jahre mein Glück zu finden und wo ich als eine von vielen unterzutauchen hoffte.

Nach fast einem Jahr in Marokko im Schwiegermutter-Haus kehrten wir nach Deutschland zurück. Ich empfand es als Scheitern, fühlte Unzulänglichkeit, nicht genug Durchhaltevermögen, nicht genug Willen, mich ins genau definierte Frauenbild einzufügen, nicht konsequent genug dem Kind gegenüber zu sein, das sich nicht recht einleben konnte.

Wir Schwestern träumten alle vom Auswandern. Gute sechs Jahre habe ich in Köln als Mitglied einer kleinen salafistischen Gemeinde gelebt. War Schwester, *Ukhti*. Wir wollten uns fremd fühlen, wir wollten die

Auserwählten sein, die *Geretteten*. Aber ein echtes Glück haben wir nicht gefunden, haben immer nur zurückgeblickt in unserer Vorstellung von der wahren muslimischen *Umma*, der perfekten Gemeinschaft der ersten Gefährt*innen. Nie fühlten wir uns gut genug. Die Schuld für unser Unvollkommen-Fühlen haben wir im Außen gesucht, in den Versuchungen, der *Fitna* der westlichen Welt. Nur in uns hinein haben wir selten geschaut. Frau-Sein war genau vorgegeben und musste vor allem versteckt werden. Weiblichkeit fand in Verhaltensregeln Ausdruck, in weiten Kleidern und in großzügigen, bis zu den Hüften hinabfließenden Tüchern, die deine innere Leere möglicherweise eine Weile verhüllen konnten. Doch im Stillen mit dir allein schaust du auf deine Abgründe, kannst dein verwundetes Ich nicht mehr in den Keller schieben. Und dann? Vielleicht wird dein Körper aufbegehren, dir schmerzhaft zeigen, wo du nicht hinsehen willst. Oder dein Kind rebelliert, hält dir den Spiegel vor. Das kluge Kind, es fühlt für dich und zeigt dir den Punkt, an dem es nicht mehr weitergeht. Oder du musst eben doch noch eine Weile in der Dunkelheit versinken, bis du endlich begreifst.

Drei Wochen nach der Rückkehr aus Marokko, nach der gescheiterten Auswanderung, als ich mich zurückgeworfen fand, zurück in der Welt, in der mir jeder Stein, jedes Pflänzchen vertraut war und in der ich mich dennoch unwillkommen und fremd gefühlt habe, drei

Wochen, nachdem ich ihn schwach und von Krankheit gezeichnet gefunden habe, stirbt mein Vater. Auch so ein Wendepunkt. Oder besser gesagt, der Beginn des Weges, der mich schließlich, ein Trauerjahr später, an den Punkt bringt, an dem ich beschließe, eine Andere zu sein.

Die Konversion in der Salafi-Gemeinde, die Rückkehr nach Deutschland, der Tod meines Vaters – Ereignisse, die mir, *mit* mir passiert sind. Ich habe nicht nach einem Leben im Islam des siebten Jahrhunderts gesucht, wie ihn sich die Salafist*innen in ihrem Nachjagen einer Utopie erträumen. Mir war nicht einmal wirklich bewusst, was genau ich eigentlich gesucht hatte, als ich die Einladung der Salafis angenommen habe. Der Traum von der *Hijra* gehörte dann einfach dazu, genauso wie die Entscheidung zum Kopftuch und kurze Zeit später zu *Khimar* und *Jilbab*. Und nichts liegt wohl weniger in unserer Macht als der Tod. Der Vater stirbt, ohne dass jemand auf dieser Welt das hätte ändern können. Unwiederbringlich verlässt die Seele den Körper.

Doch die Entscheidung, den Vater gehen zu lassen und mit ihm auch das kleine Mädchen, die Tochter, doch die Entscheidung, den Willen, die Kraft in mir zuzulassen und im Loslassen den Neubeginn zu sehen, liegt allein bei mir. „Ich mache nur noch, was ich will!" So viel liegt in diesem kleinen Satz: der Wunsch, die Fremdbestimmtheit durch Gelehrte, die über Jahrhunderte und Kontinente hinweg mein Frauenleben bestimmen wollen, abzustreifen. Das Stemmen gegen die Schubladen, in die so viele weiße Feminist*innen muslimische Frauen sperren wollen. Der Wille, die Last der Symbolik von mir zu weisen, mit der das Kopftuch in den über die Köpfe von Musliminnen hinweg geführten Debatten beladen wird. Die Kronen und Heiligenscheine abzuwerfen, mit denen Musliminnen von muslimischen Männern geschmückt und als ihre vermeintlichen Retterinnen und Anbetungsobjekte auf Prinzessinnenthrone gesetzt werden. Doch zunächst ist es vor allem eine Ahnung, dass da mehr auf mich wartet, als ich mir selbst bis dahin eingestanden habe.

In diesen Nächten, als ich erschöpft von Meer und Sonne auf dem dicken Polster meines marokkanischen Bettes liege und keinen Schlaf finden kann, denke ich an den Vater, und auf einmal *will* ich ihn gehen lassen, *will* die Trauer nicht mehr festhalten. In dieser Klarsicht, die stillen Nächten manchmal zu eigen ist, erkenne ich die Zusammenhänge mit einem Mal ganz deutlich. Mein Glück und meine Zufriedenheit liegen nicht im Blick zurück, nicht in der Sehnsucht nach meinem Vater, der mir immer Fels und Zuflucht war, auch nicht im Hadern mit meinen Wurzeln. Und auch nicht im Nachahmen einer vermeintlich goldenen islamischen Ära, im ständigen Rückblick auf die glorreiche Zeit des Propheten und seiner Gefährten, von der wir ohnehin nur mittelbar und durch Männerstimmen erfahren.

Wenn ich gesehen werden will, wie ich bin, wie ich gesehen werden möchte, dann muss in mir etwas passieren, dann muss ich die Augen öffnen für das Hier und Jetzt, und meine inneren Stimmen müssen sein dürfen, und ich muss ihnen zuhören. Seitdem ist alles anders. Die Welt sieht anders aus, weil ich sie anders betrachte. Weil ich mich selbst anders betrachte. Ich habe einen Teil von mir wiedergefunden, den ich auf meinem langen Weg verloren hatte. Einen Teil, der jetzt wieder sein darf. Die Neugierige hat ihren Platz zurück genauso wie die Unperfekte, die Zweiflerin. Gedanken sind nicht mehr verboten, und ganze Welten liegen vor mir ausgebreitet.

Es ist Abend geworden, zufrieden genieße ich die milde Sonne, die jetzt tief über dem Meer hängt. Einzelne Familien packen noch die Reste vom Strandtag zusammen. Junge Mädchen, vielleicht 17 oder 18 Jahre alt, rennen hüpfend auf dem nassen Sand am Saum der brechenden Wellen entlang. Ihr wildes Lachen dringt trotz des Wellentosens an meine Ohren. Mit der einen Hand streichen sie die fliegenden Haarsträhnen aus den runden Gesichtern und wenden sich zu ihren Gefährten um, die sie an der anderen Hand haltend mit sich ziehen. Ich strecke meine Beine noch ein letztes Mal aus, bevor auch ich die feuchten Handtücher in die Tasche packe und nach den verstreuten Kindern Ausschau halte. Ein paar Schritte weiter sammeln junge Kerle, die am Strand ein bisschen Geld verdienen, zurückgelassene Miet-Sonnenschirme ein. „Hello!", rufen sie hinüber und schließlich versuchen sie ein „Ciao Bella!" „Wenn ihr wüsstet", denke ich und lächle still in mich hinein.

Instagram:
kopftuchmaedchen
TikTok:
kopftuchmaedchen.tiktok
YouTube: Kopftuchmädchen

TOUGHES, COOLES
KOPFTUCHMÄDCHEN
Dalal Mahra

Heute ist so ein schöner Tag, sonnig, eine leichte Brise – und mein erster Kopftuch-Tag. Eineinhalb Jahre habe ich auf diesen Tag gewartet, denn in meinem Ausbildungsbetrieb wurde es mir verboten, das Kopftuch zu tragen. Sie wollen keine religiösen und politischen Symbole, hieß es. Ich sehnte mich danach, diesen Tag zu erreichen, und hier bin ich, so wie ich sein will. So bin ich heute in die Welt hinaus gegangen. Eine Frau auf dem Fahrrad ruft mir zu: „Kopftuchschlampe!"

Was?! Ich bin schockiert und gelähmt. Verstehe nicht, was da gerade passiert ist. Ich will mich wehren, etwas sagen. Aber alle starren mich an, als sei ich schuld daran, beleidigt zu werden, als hätte ich etwas verbrochen.

Heute ist mein erster Kopftuch-Tag, und keine meiner Freundinnen ist jetzt in dieser Situation an meiner Seite, keine ist jetzt bei mir. Aber vielleicht ist das auch gut so, vielleicht soll jetzt nur *Allah* für mich da sein. Und was heißt hier eigentlich nur? Das ist großartig! Ich bin nie allein. Er ist mir näher als meine Halsschlagader. Er versteht meine Gedanken und mein Leid, ohne dass ich sie aussprechen muss.

Heute ist ein neuer Tag, und ich habe mir gesagt: „Jetzt erst recht!"

Ich will mehr denn je ich sein. Während mir Freunde sagen, das wäre nicht ich. Sie finden, ich übertreibe. Ich könne mich doch wenigstens schminken. „Ist es so schlimm, sich taillierte Kleidung anzuziehen?", fragt eine andere mehr vorwurfsvoll als neugierig. Muss ich in ihre Schablone passen, um ihrer Freundschaft wert zu sein? Dazu bin ich nicht bereit und siehe da, sie wenden sich von mir ab. Warum juckt es so viele, dass ich ein Kopftuch trage? Ist es nicht egal, wie jemand aussieht? Ist es nicht viel wichtiger, was für einen Charakter jemand hat? Wie das Herz ist?

Vier Jahre später ...

Ich bin so aufgeregt und bin so gespannt, wie mein Student*innenleben sein wird.

„Schön, dass du einen Studienplatz bekommen hast, aber mit Kopftuch findest du ja eh keinen Job", sagt mein Bruder zu mir, während ich vor dem Spiegel im Wohnzimmer stehe und noch einen letzten Blick hineinwerfe. „Doch, werde ich! Und mein Kopftuch wird kein Thema sein, weil ich mit meiner Kompetenz überzeugen werde", sage ich in Gedanken zu mir selbst.

Ich bin doch so viel mehr als mein Tuch.

Ich bin Dalal, aber irgendwie scheinen viele etwas anderes zu sehen. Den Islam. Terror. Unterdrückung.

Dabei war das mein Befreiungsschlag von der, die ich sein soll, zu der, die ich sein will. Ich höre nur: „Zu viel Hijab, zu wenig Hijab. Zu streng, zu sexy. Zu unangepasst, zu alman. Zu schwach, zu stark."

Eine Atempause bekam ich, als ich die Stadt der zwei Kontinente besuchte: Istanbul. Und das fühlte sich so an: Zwischen Asien und Europa stehe ich und lasse diesen atemberaubenden Anblick auf mich wirken. Er berührt meine Seele.

Oh *Allah*, du Schöpfer des Schönen.

Die Luft des Bosporus bringt mein Kopftuch zum Tanzen, und ich atme sie tief ein.

Atme den Geruch des *Kolonya*, die Stimme des *Muadhin*, den Geschmack des *Lokum* ein.

Istanbul, danke, dass du mich so herzlich bei dir beherbergst, mich zum Essen eingeladen, mir Zutritt in deine Moscheen gewährt hast.

Oh Istanbul, *sok sagol* für diese Gastfreundschaft, die sich mehr nach Freundschaft als nach Gastlichkeit angefühlt hat.

Mit Handkuss hast du mich empfangen, als ob deine reisende Tochter wieder nach Hause zurückgekehrt wäre.

Zurück in Deutschland frage ich mich: Ist es doch eine Befreiung, dieses Stück Stoff vom Kopf zu nehmen? Ich will es aber nicht abnehmen. Und wenn es nicht mehr wie ein Kopftuch aussieht? Das ist doch das, was die Leute stört, dass ich ein Kopftuchmädchen bin.

Weißt du was? Ja, bin ich. Und jetzt?

Aber Kopftuchmädchen sind nicht das, was du in den Nachrichten hörst oder in Filmen siehst. Kopftuchmädchen sind tough, cool und stark.

Und das will ich mit „Kopftuchmädchen", meinem Medien-Startup für muslimische Frauenstimmen, zeigen. Ich will etwas schaffen, was ich gebraucht hätte:

weibliche Vorbilder, die so aussehen wie ich. Frauen, die das Kopftuch tragen und ihren Weg gehen. Inspiration und das Gefühl, mit all den Herausforderungen einer kopftuchtragenden muslimischen Frau in Deutschland nicht allein zu sein. Kopftuchtragende Frauen haben nicht die gleichen Chancen wie andere Frauen, jedoch ist es die Aufgabe von Politik und Gesellschaft, allen Menschen die gleichen Chancen einzuräumen. Antimuslimischer Rassismus ist ein gesellschaftliches Problem.

„Kopftuchmädchen" bietet einen Lösungsansatz. Wir machen muslimische Frauen sichtbar, empowern sie und zeigen einen selbstbewussten Umgang mit der religiösen Identität.

www.queenofselflove.de
Instagram:
queeen.of.selflove
Facebook: Kainina Wetter
TikTok: queeen.of.selflove

DIE LÖSUNG
IST IN DIR!
Kainina Wetter

Assalamu alaikum wa rahmatullahi wa barakatuh.
Mein Name ist Kainina, ich bin Psychologin für Selbstliebe und Beziehungsexpertin.

Ich möchte euch sehr gerne in ein Kapitel meines Lebens mitnehmen, das ziemlich dunkel war. Ich glaube, dass wir alle diese Kapitel in unserem Leben haben, denn alles in diesem Leben folgt dem Gesetz der Polarität. Wo Licht ist, ist auch Schatten, wo Liebe ist, ist auch Hass, wo Freude ist, ist auch Schmerz.

Ich möchte euch mit meiner Geschichte Mut machen und zeigen, dass ihr es auch schaffen könnt, aus der Dunkelheit ins Licht! Es geht darum, wie ich es geschafft habe, meine Beziehung zu verändern, von toxisch zu harmonisch.

Alles begann in meiner Schulzeit, als gerade meine Abiturzeit begonnen hatte. Ich war 17 Jahre alt, als ich in der Schule dem schönsten Mann begegnet bin, den ich je gesehen hatte. Es traf mich wie ein Blitz. Ich war schockverliebt, und ihm ging es ähnlich. Er war zwei Jahre älter und in einem höheren Jahrgang. Wir fühlten uns magisch zueinander hingezogen. Daher entwickelte sich alles ziemlich schnell. Wir lernten uns kennen, und schon nach kurzer Zeit waren wir unzertrennlich.

Die ersten fünf Jahre der Beziehung waren sehr schön, wir verstanden uns außerordentlich gut und hatten eine wunderschöne Zeit. Doch mit zunehmender Verantwortung wurde alles anders.

Und zwar als wir zu seiner Familie gezogen sind. Er wurde immer angespannter und gleichzeitig strenger. Ich passte mich meinerseits, so gut es ging, an, da ich unbedingt zu seiner Familie gehören wollte. Ich bemühte mich sehr, versuchte allen Erwartungen zu entsprechen und lernte sogar die persische Sprache.

Doch unsere Beziehung bestand bald nur noch aus Erwartungen, ständigen Diskussionen und Streit.

In den folgenden Jahren bekamen wir drei Kinder, was viele weitere Streitthemen mit sich brachte, vor allem über den Erziehungsstil. Während mein Mann eher den autoritären Stil verfolgte, ging ich eher autonom vor und ließ die Kinder vieles allein entscheiden. Zwei Welten prallten aufeinander.

Das Schlimme war aber, dass unsere Diskussionen ständig eskalierten und es auch unter die Gürtellinie ging. Es kam zu Beleidigungen und Handgreiflichkeiten sowie manipulativer Kommunikation. Unsere Beziehung wurde immer toxischer.

Irgendwann war es für mich in der Ehe nicht mehr auszuhalten. Mir wurden immer mehr Einschränkungen gemacht, wir stritten Tag und Nacht, Diskussionen handelten nur davon, wer den Fehler gemacht hatte. Und meistens wurde ich schuldig gesprochen ...

Zu dieser Zeit machte ich gerade meine Ausbildung zur psychologischen Psychotherapeutin und ging Vollzeit arbeiten. Tagsüber therapierte ich als Psychologin Patienten, die an Depressionen, Schizophrenie oder

Angststörungen litten, und wenn ich gegen Abend nach Hause kam, saß ich vor dem Scherbenhaufen meiner Beziehung. Ich war todunglücklich. Doch wenn ich über eine Trennung nachdachte, bekam ich es mit der Angst zu tun. Ich wollte keine geschiedene Frau sein, wollte den Kindern nicht den Vater „wegnehmen", wollte keinen Fehler machen, wollte nicht alleinerziehend sein und die ganze Verantwortung allein tragen, wollte meine Ausbildung als Therapeutin nicht abbrechen müssen und und und ...

Diese Ängste hielten mich sehr lange davon ab, mich zu trennen. Natürlich auch der Gedanke, dass ich mich als Muslimin eigentlich gar nicht trennen darf.

Es ging mir immer schlechter. Als dann auch noch körperliche Symptome hinzukamen, war mir klar: Es musste sich etwas ändern! Ich telefonierte oft mit meinen Freundinnen in der Hoffnung, dass irgendeine von ihnen mir helfen würde. Sie hörten mir geduldig zu, doch sie konnten nichts tun.

Dann kam der Wendepunkt.

Eines Tages saß ich in meinem Büro auf der Arbeit und schaute aus dem Fenster. Da wurde mir bewusst: Die einzige Person, die mir wirklich helfen konnte, war ICH.

ICH musste etwas tun. Und dann kam eine Erinnerung in mir auf: In meiner Jugend war ich sehr selbstbewusst, trug immer ausgefallene Klamotten und ließ mir von niemandem etwas sagen. Ich hatte eine große

Klappe und legte mich regelmäßig mit Älteren an. Und ich dachte mir: „Wo ist dieses selbstbewusste, mutige Mädchen hin?" Der zweite Gedanke, der mir gleich danach in den Kopf schoss, war: „Wenn ich mal so mutig und selbstbewusst war, kann ich es wieder sein! Es steckt in mir!"

Ich saß an diesem Tag nach Feierabend noch etwas länger im Büro und schrieb mir auf, wie ich mir eine Ehe vorstelle und vor allem, was ich nicht mehr will! Ich schrieb meine Bedingungen auf.

Als ich an diesem Tag nach Hause kam, teilte ich diese meinem Mann mit. Er nahm meine Forderungen jedoch zunächst nicht ernst. Und es änderte sich nichts.

Nachdem ein Streit dann wieder eskaliert war und meine Grenzen wieder nicht eingehalten wurden, verließ ich die Wohnung. Ich ging zu meiner Tante. Damit setzte ich ein klares Zeichen. Zum ersten Mal seit Jahren.

Am nächsten Tag teilte ich meinem Mann mit, dass ich so nicht mehr weitermachen könnte und würde. Er verstand das Ganze zunächst nicht, das brauchte seine Zeit. Wir distanzierten uns für einen Monat. Danach bat er um eine zweite Chance. Er entschuldigte sich und versprach, sich ab sofort anders zu verhalten.

Ich hatte Zweifel und glaubte ihm zunächst nicht. In dieser Zeit machte ich *Dua*, dass *Allah* (*s.w.t.*) mich rechtleiten und die Angelegenheit für mich regeln solle, da ich nur ein Mensch bin und ER der Allwissende. *Subhanallah*!

Mein Mann schrieb mir fast täglich und bat immer noch um eine zweite Chance. Mein Herz war zunächst wie versteinert und wollte diese zweite Chance eigentlich nicht geben, nach all dem, was passiert war.

Aber nach einiger Zeit, nachdem ich das Gefühl hatte, dass er es wirklich verstanden hatte, dass er mich mit seinem Verhalten erniedrigt, gedemütigt und sehr verletzt hatte und nun wahre Reue zeigte, trat Barmherzigkeit in mein Herz, und ich willigte ein.

Aber ich hatte meine Bedingungen! Ich habe einen neuen Ehevertrag aufgesetzt und all meine Bedingungen, Vorstellungen und Grenzen aufgeführt. Dann fragte ich ihn, ob er sich an diese Bedingungen halten könne. Er sagte: „Ja".

Danach begann ein sehr wichtiger Prozess, der unsere Beziehung und unser Leben komplett veränderte. Wir beschäftigten uns zusammen mit Persönlichkeitsentwicklung, besuchten zahlreiche Seminare, schauten uns gemeinsam Videos an, lasen Bücher usw.

Wir entwickelten unsere Persönlichkeiten immer weiter und gelangten so zu unserem wahren Kern. Wir legten mehr und mehr unsere Ängste und Blockaden ab und konnten uns so gegenseitig immer mehr zeigen, wie wir wirklich sind. Wir arbeiteten unsere Kindheit auf und erzählten uns gegenseitig von unserem Schmerz, sodass wir uns auf einer tieferen Ebene begegnen konnten. All das führte dazu, dass wir immer glücklicher miteinander wurden.

Heute geben wir all dieses Wissen und unsere Erfahrungen an andere Muslime und Musliminnen weiter. Vor allem an die, deren Ehen kriseln. Es ist unser Herzensprojekt geworden, Ehen zu „retten", denn mittlerweile wissen wir ganz genau, WAS verändert werden muss, um eine erfüllte, liebevolle Beziehung auf Augenhöhe zu errichten.

Ich hoffe, dass dir meine Geschichte Mut und Hoffnung schenkt. Wir können es immer aus dem dunklen Tal hinausschaffen, wenn wir die richtigen Schritte gehen und auf *Allah* (*s.w.t.*) vertrauen.

Mein wichtigstes Learning aber war, dass ich selbst die Macht habe, etwas zu verändern, und dass es meine Ängste sind, die mich klein halten. Und genau das möchte ich auch dir mit auf den Weg geben: Wenn du dir eine Veränderung in deinem Leben wünschst, dann gehe los! Alles, was du dafür brauchst, steckt bereits in dir!

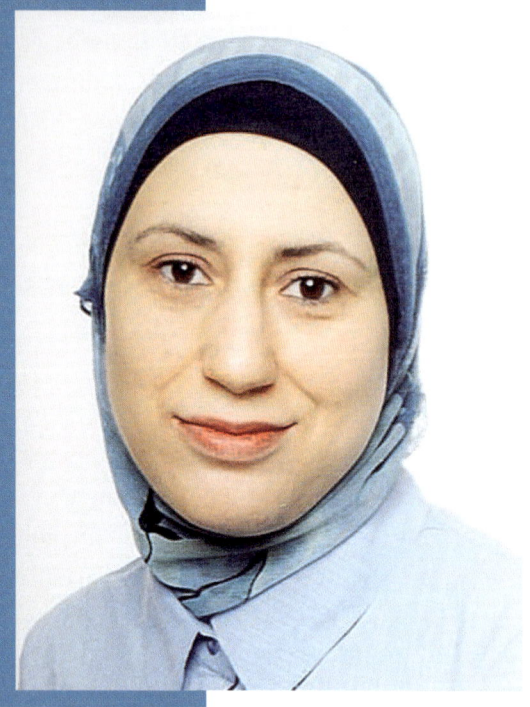

VERTRAUE ALLAH, UND DU WIRST BELOHNT

Kenanah Shereih

وَمَن يَتَوَكَّلْ عَلَى ٱللَّهِ فَهُوَ حَسْبُهُۥ.

Das ist Arabisch und bedeutet: „Und wer auf Gott vertraut, dem genügt Er." Diesen Vers hat unsere Mutter
uns oft vorgetragen. Sie sagte uns, dass wir auf Gott vertrauen sollten, wenn wir erfolgreich werden wollen.
Das Vertrauen auf *Allah* bedeutet jedoch nicht, dass
man nicht nach Wegen und Möglichkeiten sucht, um
die gewünschten Ziele zu erreichen. Das Vertrauen auf
Gott bedeutet, dass man im Herzen auf Gott vertraut,
weil er – der Erhabene – der Schöpfer von allem ist. Der
Schöpfer des Nützlichen und des Schädlichen sowie
von allen anderen Geschöpfen.

Jugendliche rebellieren normalerweise gegen die el-
terlichen Ratschläge. Erst viel später verstehen sie jedoch, dass an ihrem Rat und ihrer Lebensweise viel
Wahres dran ist. Meine Eltern mussten 1948 als Kinder
aus ihrem palästinensischen Dorf nach Syrien flüchten.
Ich selbst wuchs in Aleppo auf. Als ich 15 Jahre alt war,
habe ich mit meiner besten Freundin 1994 die Fußball-
weltmeisterschaft geschaut. Ich erinnere mich, als wäre
es gestern gewesen. Damals machten wir die Ansage,
dass wir mit 18 nach Deutschland fliegen würden, um
Jürgen Klinsmann zu treffen.

Die Zeit verging, ich wurde volljährig und ging an
die Universität. Meine Freundin hatte in der Zwischen-
zeit ihren Vater verloren und hing stark an ihrer Mutter. Unser täglicher Kontakt nach der Schule brach ab.
Die Freundschaft blieb jedoch im Herzen.

Nach meinem BWL-Abschluss konnte ich als wissenschaftliche Assistentin an der Universität arbeiten und bekam ein Stipendium, um zu promovieren. Viele meiner Mitstudent*innen wollten aufgrund der Sprache nach England. Für mich gab es keine Alternative: Ich wollte nach Deutschland.

Am 20. März 2007 stieg ich mit vielen Ängsten und Sorgen ins Flugzeug. Mittlerweile war ich verheiratet und hatte zwei Söhne. Der große war zweieinhalb Jahre und der kleine erst sieben Monate alt. Ich musste sie in Syrien zurücklassen. Ihr könnt euch vorstellen, dass das die schwerste Entscheidung meines Lebens war. Mithilfe einer Familienzusammenführung konnte meine Familie, Gott sei Dank, nach vier Monaten nachkommen. Als dann 2011 der Krieg in unserer Heimat ausgebrochen ist, wusste ich, dass dies die beste Entscheidung war. Keiner von uns musste den Krieg miterleben.

2019 habe ich auf Facebook meine Freundin von damals wiedergetroffen. Auch sie hat es nach Deutschland geschafft, und wir beide sind sehr dankbar, hier in diesem Land leben zu können. Ohne den *Koran* und meinen Glauben an *Allah* hätte ich vielleicht in Deutschland nichts erreicht. Mein Glaube und das Gebet geben mir Kraft. Sie sind meine tägliche Meditation und mein Coach, die mir helfen, meine gesteckten Ziele zu erreichen.

Nach Deutschland zu kommen, war nicht leicht. Nachdem ich meinem zukünftigen Professor eine Hausarbeit geschickt hatte, bekam ich 2004 die Zulassung zur Promotion an der FU Berlin. Diese Zulassung war die Eintrittskarte für den Deutschkurs in Aleppo, den ich mit der B1-Prüfung nach sechs Monaten beenden sollte. Die Deutschprüfung wiederum war die Voraussetzung für das Studentenvisum.

Alles klang super. Nur hatte ich ein kleines Problem. Ich war mit dem ersten Kind schwanger und der Entbindungstermin sollte kurz vor Kursbeginn sein. Jetzt war ich in der Zwickmühle. Der Deutschkurs fand nur einmal pro Jahr statt, und es gab keine alternativen Kurse. Meine jüngere Schwester bot ihre Hilfe an. Wir schmiedeten Pläne, wie wir das Ganze schaukeln würden. Alles schien perfekt, bis der Tag der Entbindung kam. Nach 24 Stunden Wehen musste mein Sohn per Kaiserschnitt geholt werden. Ihr könnt euch vorstellen, dass ich zwei Wochen nach der OP als frischgebackene Mama eigentlich nicht bereit war, mental Neues aufzunehmen.

Tausend Dinge schwirrten durch meinen Kopf. Wenn ich den Deutschkurs auf das nächste Jahr verschieben würde, verlöre ich meine Promotionszulassung, und ich müsste mich erneut um einen Studienplatz bemühen. In meiner Großfamilie gab es viele Meinungen, jeder hatte einen anderen Standpunkt zu diesem Thema. Am Ende musste ich mich entscheiden.

Ich besuchte den Kurs, auch wenn ich am Anfang kaum etwas verstanden habe. Meine jüngere Schwester, der ich bis heute sehr dankbar bin, unterstützte mich in dieser Zeit. Jeden Tag nahm sie 45 Minuten Busfahrt auf sich, um meinen Sohn zu hüten.

Langsam verbesserte sich meine Situation, und nach vier Monaten erhielt ich einen Platz bei einer Tagesmutter. Da die Betreuung direkt neben meinem Kurs war, konnte ich die Pausen nutzen, um meinen Sohn zu stillen. Das Ganze war alles andere als leicht. Ein großer Ballast fiel jedoch von mir ab, als ich das Prüfungsergebnis sah. Ich hatte beim ersten Mal bestanden! Die Bürokratie der Universität und die Regelung der Finanzierung nahmen sehr viel Zeit in Anspruch. Allein der Visumsantrag dauerte sechs Monate. Mein großer Sohn war mittlerweile schon zweieinhalb Jahre alt, und wie das Schicksal so wollte, kam sein kleiner Bruder hinterher.

Wie bereits erwähnt, musste ich meine Kinder in Syrien zurücklassen. Das ist eine Sache, die ich in Deutschland eigentlich nicht für möglich gehalten hatte. Ich war mir sicher, dass mein neugeborenes Baby ein Visum bekommt, zumal ich bereits einen Kitaplatz in Berlin-Lichtenberg zugesichert bekommen hatte.

Es war hart, aber ich versuche immer, das Beste aus den Erfahrungen mitzunehmen.

Innerhalb von vier Monaten hatte ich das DSH-Zertifikat. Das war Rekordzeit. Ich wurde von meiner

Deutschlehrerin gefragt, weshalb ich mich so um die deutsche Sprache bemühe, wenn sie doch keine Voraussetzung für mein Studium ist. Als Doktorandin brauchte ich keinen Sprachnachweis. Alle meine Texte fertigte ich auf Englisch an.

Damals war mir noch nicht klar, dass ich hier in Deutschland bleiben würde. Als sehr kommunikativer Mensch wusste ich jedoch, dass die Sprache die Voraussetzung ist, um Menschen und Kultur kennenzulernen. Seit elf Jahren schaue ich nun schon auf eine Freundschaft zurück, die ohne die deutsche Sprache wohl nie zustande gekommen wäre.

Nun folgte also die Zeit der Bewerbungen. Wie viele Musliminnen diskutierte ich mit meiner Bekannten, ob wir unser Bewerbungsfoto mitschicken sollten oder nicht. Sie war der Meinung, dass kein Arbeitgeber uns mit Kopftuch einstellen würde, geschweige denn das Vorstellungsgespräch mit uns führen wollte. Meine Antwort war: „Wer Gott fürchtet, dem schafft Er einen Ausweg und beschert Unterhalt, von wo er nicht damit rechnet." (Koran 65:2)

Ich bin überzeugt, dass mein fester Glaube und die Kraft, die ich dadurch bekommen habe, mich all das erreichen ließen.

Alhamdulillah, Gott sei Dank, habe ich schnell mit meiner ersten Stelle angefangen und konnte fachlich wachsen. 2022 gründete ich meine Online-Marketing-Agentur. Von vielen Seiten werde ich gefragt, wie ich es immer wieder schaffe, meine Ziele zu erreichen. Meine Antwort darauf ist: Ich bin nicht allein. *Allah* hat mir geholfen.

Das tägliche Gebet und das Lesen im *Koran* sind meine Meditation. Die Rezitation bringt mir innere Stabilität und Ruhe, und durch das fünfmalige Gebet tanke ich immer wieder Energie. Die Dankbarkeit ist ebenfalls ein großes Thema. Egal wie groß die Probleme des Tages waren, ich bedanke mich bei meinem Schöpfer für alles, was ich in meinem Leben habe.

www.neiros-mbarek.de
Instagram:
neirosenaturalmindset

LICHT AM ENDE
DES TUNNELS
Neiros M'Barek

Mein Name ist Neiros M'Barek, ich bin 38 Jahre alt, verheiratet und eine Mama von zwei Teenagern.

Am 20.3.2020 um zehn Uhr morgens auf der Arbeit, damals als Sozialarbeiterin und Brückenbauerin für Flüchtlingsfamilien tätig, erhielt ich einen Anruf, der mein Leben komplett auf den Kopf stellte. Und es sollte im Laufe des Tages noch viel schlimmer werden.

Ich erinnere mich an diesen Tag, als wäre er erst gestern gewesen. Ein Freitagmorgen. Eigentlich ein sonniger Tag, aber irgendwie hatte ich schon nach dem Aufstehen ein komisches Bauchgefühl.

Meine Morgenroutine war eigentlich immer dieselbe. 6:30 Uhr aufstehen, Zähne putzen, waschen, beten, Kinder wecken, frühstücken usw. Aber da war diese unangenehme Stimmung in der Luft. Unbeschreiblich und irgendwie unheimlich. Aber es muss ja weitergehen. Also Kinder zur Schule schicken und arbeiten gehen. „Wird schon", sagt der Kopf. „Ich habe Angst", sagt das Herz.

Auf der Arbeit angekommen, kam die unangenehme Stimmung gefühlt mit und wurde immer präsenter. Bis wir um 10:30 Uhr die Nachricht erhalten haben, dass wir unverzüglich die öffentlichen Räume verlassen sollten, „Corona" in Deutschland angekommen sei und wir jetzt im öffentlich-sozialen Dienst erstmal nicht mehr arbeiten dürfen.

Subhanallah, mein Gefühl hatte bereits eine solche Vorahnung, was für ein absolutes Geschenk, dachte ich mir. Intuition.

Aber wie sollte es nun weitergehen? Ich war im sozialen Dienst eine Brückenbauerin für Familien mit Fluchthintergrund und nun durfte ich nicht mehr in die öffentlichen Räume, bedeutet: Ich darf nicht mehr arbeiten. Ich bin also ab jetzt offiziell arbeitslos und soll zu Hause bleiben. Wir werden nicht mal verabschiedet. Einfach nur raus. Abwarten. Wir melden uns. Wir warten die neuen Verordnungen ab. Und wie lange das dauerte, das wissen wir im Nachhinein alle. Also bin ich nach Hause gefahren und unterwegs riefen mich schon die Schulen meiner Jungs an. Ab sofort durften meine Kinder auch nicht mehr in die Schule. *Subhanallah,* meine Gebärmutter zog sich zusammen und ich bekam unheimliche Krämpfe. So reagiert mein Körper, wenn irgendwas mit meinen Kindern passiert. Die Gebärmutter ist das weibliche Organ, das im arabischen *Rahim* heißt. Das Zentrum der Barmherzigkeit. Es ist das Zentrum, in dem durch Gottes Hilfe Leben entsteht. Jetzt fühlte sich aber mein Zentrum ziemlich bedroht.

Ich holte meine Kinder ab, und als wir zu Hause angekommen waren, war ich total gestresst, angespannt und ängstlich. Wie sollte es in Zukunft weitergehen? Was ist, wenn ich nie wieder arbeiten kann? Was ist mit der Zukunft meiner Kinder? Ihrer Bildung? Was ist

Corona? Werden wir sterben? Ist das gerade alles real? Oder alles nur ein Albtraum? In den Nachrichten sagten sie, wir sollen unsere Haushalte gut mit Lebensmitteln und Notwendigem eindecken und dass eine Ausgangssperre immer wahrscheinlicher wird. Ich wurde panisch, versuchte aber vor meinen Kindern auf cool zu tun. „Ich gehe kurz einkaufen", rief ich, stieg ins Auto und versuchte, mich etwas zu beruhigen, zitterte jedoch am ganzen Körper und fuhr zum nahegelegenen Supermarkt. Dort angekommen, dachte ich: Okay ... Was ist denn hier los? Ausverkaufte Regale und Menschen, die sich wegen Toilettenpapier richtig in die Mangel nahmen. Ein Mann wurde laut und schlug um sich. Ich rannte raus. Einfach wieder nach Hause zu meinen Kindern. Wo ist mein Mann? Seit Tagen hatten wir nicht miteinander gesprochen. Ich rief ihn an, und er kam. Aber er hatte einen seltsamen Gesichtsausdruck. Wieder regte sich ein sehr komisches Gefühl in mir. Er hatte einen Koffer dabei. Ich wollte ihm so viel sagen. Was alles passiert war. Aber ich war verstummt. Sprachlos. Und er blickte mich an und sagte: „Neiros, ich verlasse dich! Ich packe meine Koffer und bin weg!" Dieser Moment war für mich so erschütternd, dass ich den Boden unter mir nicht mehr spürte. Ich war in Trance, fast wie neben der Spur und hatte meine Sinne nicht mehr unter Kontrolle. Ich konnte nicht sprechen. Ich konnte kaum atmen. Ich konnte kaum hören. Ich habe einfach geschwiegen. Ich wollte ihm so vieles sagen. Aber meine Lippen sagten einfach: „Okay." Er redete noch weiter, sagte, wir hätten uns auseinandergelebt und sähen uns einfach nicht mehr. Wir führten keine Ehe, sondern eine Wohngemeinschaft. Er packte tatsächlich seine Sachen und ging.

Innerlich schrie ich, aber ich bekam einfach keinen Ton heraus. Ich nahm meine Schuhe und rannte instinktiv in den Wald. Ganz einfach weg von zu Hause. Ich fand mich in einem Tunnel wieder. Mitten im Wald. Dort fing ich laut zu schreien an und weinte bitterlich. Ich weinte so lange, eine halbe Ewigkeit. Ich habe noch nie in meinem Leben so viel geweint. Es war so viel angestaute Wut in mir. Ein Damm explodierte und ich wusste, dass meine Kinder mich hier nicht sehen konnten. Hier durfte ich loslassen. Es war so kalt in diesem Tunnel und vor mir lag eine ganze Pfütze voller Tränen. Ich hatte keine Kraft mehr. Was blieb mir eigentlich? Ich hatte keinen Job mehr, meine Kinder hatten keine Bildung mehr. Ich hatte keine Ehe mehr. Ich hatte in jeder Lebenslage versagt und meine größten Ängste waren wahr geworden. Und auf einmal kamen Bilder von Menschen in meinen Kopf, Menschen, mit denen ich ewig nicht gesprochen hatte, und ich sah sie vor mir. Sie lachten über mich. Wie damals, als ich ein Kind war. „Siehst du, Neiros, du hast es nicht geschafft. Weder bist du eine gute Ehefrau noch eine gute Mutter, und so eine gute Muslimin, wie du scheinbar vorgibst zu sein, bist du auch nicht." Ich hatte versagt, *ya Allah*. Ich habe alle enttäuscht. Tiefer kann ich nicht sinken. Wie soll ich bloß meinen Eltern begegnen?

Stunden vergingen, in denen meine inneren Dämonen immer mehr an Macht gewannen. Dunkelheit und Kälte überkamen mich.

Aber auf einmal ertönte eine sanfte Stimme in mir und sagte: Schau nach rechts. Und ich blickte nach rechts, stand auf und lief instinktiv zur Sonne. Die Sonne war so wunderschön am Himmel. So hell und kraftvoll, und ich hob meine Hände nach oben und sprach: „*Ya Allah*, du bist das Licht der Himmel und der Erde, die vollkommene Quelle der Ruhe und des Friedens. *Ya Allah*! Bitte gib mir wieder Licht in mein Leben. Bitte wende es zum Guten. *Ya Allah*, du bist der Einzige, der mich aus der Dunkelheit ins Licht holen kann. *Ya Allah*, leite mich zu deinem Licht." Und auf einmal, *subhanallah*, kam eine Lichtdecke herab und leuchtete über mich und über den gesamten Tunnel und alles wurde hell. Es war wie in Zeitlupe, aber so kraftvoll. Ich hielt den Atem an. Alles strahlte auf einmal und sogar meine Tränen, die eben noch auf dem Boden waren, verdunsteten. Ein warmer, lichtdurchfluteter Teppich breitete sich aus. Es war ein magischer Moment. Nur für mich. Und ich habe auf einmal verstanden: „Neiros, du hast immer noch dich. Du hast Hände, Arme, Beine, einen gesunden Körper. Du hast *Allah*. Alles wird gut. Alles ist gut. Alles wird wieder gut. Vertrau auf *Allah*." Ich werde diesen Moment in meinem Leben nicht vergessen. *Allah* schenkte mir hier ein Bewusstsein und eine Selbstliebe und Dankbarkeit, die ich in meinem ganzen Leben vorher noch nie verspürt hatte.

Es war dieser Moment, an dem ich meinem Leben endlich einen Sinn gab. Mit allen Sinnen und aus dem tiefsten Herzen heraus. Der Dienst am Allmächtigen. Das vollkommene Vertrauen, dass alles gut wird. Die bedingungslose Dankbarkeit für mein Leben und die Sicherheit, dass sich alles zum Guten wendet, weil *Allah* mich liebt. Er liebt mich. Und deswegen kann nur alles gut werden.

An diesem Tag habe ich die zweite Rechtleitung erhalten. Das Bewusstsein, die Erleuchtung meiner Seele.

Ich habe verstanden, dass ich mich habe und Tausende von Gaben. Denn wir sind ein ganzes Universum in nur einem einzigen Tropfen. Ich habe verstanden, dass ich mich vor Jahren hintenan gestellt habe. Ich habe mich selbst vernachlässigt, damit es allen anderen gut ging. Nur wurde mein Glas so leer, dass ich nichts mehr fühlen konnte. Ich habe mich so lange zurückgenommen. Ich habe mich nicht mehr gesehen. Ich habe mich verloren. Gleichzeitig wusste ich: Ab jetzt sehe ich mich wieder, ich werde mich wiederfinden. In einem neuen Licht. Ich werde mein Licht scheinen lassen. Ich werde mir erlauben, mich wieder zu hören. Ich erlaube mir, mich wieder voranzustellen und auf mich zu achten. Denn wenn eine Mama zu Hause leer ist, dann ist auch die Liebe leer, die Familie leer und auch die Glückseligkeit. Es ist die Selbstliebe, die eine Mutter unbedingt braucht, damit auch ihr Energietank gefüllt ist. Damit ich wieder sehen kann. Bedingungslos lieben und geben kann.

Bis heute, über zwei Jahre später, ist dieser Tag mein Kompass. Ich leuchte und teile mein Licht mit der Welt.

Ich habe mich in Sachen Psychologie, Bewusstsein und Seele weitergebildet. Ich habe mich gefunden und gelernt, dass auch ich mir erlauben darf, meine Bedürfnisse zu leben und zu äußern. Ich bin eine Frau und habe drei Männer daheim (zwei Teenagerjungs und einen Mann) und Frauen ticken nun einmal anders. Ich habe das Licht auch wieder komplett über meine Familie scheinen lassen können. *Alhamdulillah*. Alles ist so viel schöner als vorher.

Und manchmal kommen solche Stürme in unser Leben, damit wir wieder eine freie Sicht bekommen. *Allah* liebt uns, und es ist wichtig zu verstehen, dass das Leben niemals gegen uns ist. Wir sollen die Wunder erkennen und das Beste aus uns machen. Es ist meine größte Angst gewesen, alles zu verlieren, und doch ist es passiert. Gott sei Dank. Denn dadurch konnte ich für ein neues Licht Platz machen. Meine Familie ist wieder vereint. Wir haben den Sturm überlebt und sind stärker als vorher. Und aus diesem Wunder heraus habe ich meine Gabe entdeckt und meinen Lebenssinn, meinen Seelenberuf. Ich darf heute Frauen begleiten, die ihr Licht wieder scheinen lassen wollen. Ich habe mich als psychologische Beraterin weitergebildet und meinen Fitnessschein absolviert und helfe Frauen, in Sachen Mindset, Body und Soul ihren wahren Kern zu leben.

Danke für den schwersten Tag in meinem Leben, durch den ich heilen durfte, um mich wieder vollständig zu fühlen. Es sind die größten Wunden, in denen unser größtes Licht verankert ist. Wir müssen nur lernen, es anzunehmen. *Alhamdulillah.*

ERKENNE
DEINEN WERT

Merve Kumral

Vor dem einschlagenden Ereignis in meinem Leben bin ich ein Mensch gewesen, der durch all die negativen Erfahrungen zur leidenschaftlichen People Pleaserin mutiert ist. Rückblickend war es die dunkelste Zeit in meinem Leben, in der ich mich gehasst und die Dunkelheit als mein Schicksal angenommen habe. Ich habe nicht an eine Veränderung in meinem Leben geglaubt. Es ging mir furchtbar. Auf jeder Ebene. Ich habe eines Nachts einen Traum gehabt, in dem ich einen Menschen traf, der so anders war als die Menschen, denen ich bisher in meinem Leben begegnet war. Und ich erinnere mich ganz genau daran, dass ich noch Tage nach diesem Traum immer wieder in Gedanken zu dieser Person zurückkehrte. Solch ein Mensch ist mir dann tatsächlich nach einer Weile begegnet, ähnlich wie ich es zuvor im Traum erlebt hatte. Das war ein seltsames Gefühl und hat sich wie Schicksal angefühlt, weshalb ich mich diesem vermutlich auch hingegeben habe. Ich mochte diese Person und sie ist mir in kürzester Zeit sehr wichtig geworden. Diesem Menschen habe ich meine Zeit, mein Vertrauen, meine Verwundbarkeit, Offenheit und Ehrlichkeit geschenkt. Ich habe mich der Sache naiv angenähert und mich nicht geschützt, was mir in dieser Angelegenheit zum Verhängnis geworden ist. Im Endeffekt war diese Person sehr manipulativ, narzisstisch und hat sich meiner Wunden bemächtigt. Oft habe ich darüber nachgedacht, was mich dazu verleitet hat, so zu handeln. Inzwischen weiß ich, dass ein Teil in mir von dieser Person gerettet werden wollte und ich deswegen alles von mir preisgegeben, alles hingenommen und so viel Liebe gegeben habe. Als ich mir am Ende der Lügen gewiss war, stand ich vor einem Gerüst, das ich mir selbst aufgebaut hatte und das trotzdem zusammengebrochen ist.

Ich erinnere mich noch sehr gut daran, was diese Erkenntnis anfangs mit mir gemacht hat. Ich dachte, dass ich nie wieder vertrauen könnte. Bis zu diesem Zeitpunkt in meinem Leben habe ich mich noch nie so verletzt gefühlt. Mein Herz war gebrochen und hat mir die Sicht versperrt. Mit der Zeit wurde das Bild allerdings immer klarer. Ich habe viel über diese Person und die gesamte Angelegenheit nachgedacht. Meine Lektion aus dem Ganzen war, dass ich dieser Person Macht über mich gegeben habe. Die Frage ist aber, warum? All das habe ich mit mir machen lassen, weil ich meinen Wert nicht kannte. Ich habe mich nicht geliebt. Und das war der Wendepunkt in meinem Leben. Diese Erkenntnis.

Daraufhin folgte zunächst Wut und anschließend ein Versprechen an mich selbst. Ich habe mir versprochen, mich selbst am meisten zu lieben und meinen Wert zu kennen, damit ich keine emotionale Abhängigkeit von anderen mehr empfinden muss. Damit habe ich eingesehen, dass ich mein ganzes Leben lang nach Dingen gesucht habe, die ich mir selbst hätte geben sollen. So begann ein neuer Abschnitt. Dass diese ganze Geschichte einen Wendepunkt in meinem Leben darstellt, sage ich jetzt, weil ich inzwischen eine klarere Sicht auf die Dinge habe und sie nicht mehr aus meinem Schmerz heraus betrachte. Das ist aber ein Prozess, der Zeit benötigt. Die größte Erkenntnis für mich war, dass ich weder Selbstbewusstsein hatte noch Selbstliebe für mich empfunden habe. Dabei denke ich, dass wir alle mit Selbstliebe auf diese Welt kommen.

Unsere Seele lebt in unserem Körper und diese ganz spezielle Bindung zwischen Körper und Geist ist die erste Beziehung, die wir knüpfen. Insofern sind wir selbst die uns vertrauteste Person, denn wir verbringen die meiste Zeit mit uns, erleben uns in allen Momenten, kennen all unsere Facetten. Betrachten wir eine gesunde Beziehung zwischen zwei Menschen, so ergeben sich in Konfliktsituationen zwei Handlungsmöglichkeiten. Wir können Konflikte lösen, also an der Beziehung arbeiten und weiterleben, oder wir sehen ein, dass der Konflikt nicht gelöst werden kann, und distanzieren uns eventuell von der jeweiligen Person. Das bedeutet für uns Menschen, dass der einzig gesunde Weg, mit sich selbst glücklich werden zu können, nicht daran vorbeiführt, Konflikte zu lösen. Allein aufgrund der Tatsache, dass wir unseren Körper nicht verlassen können. Radikaler formuliert, gibt es also zwei Optionen: sterben oder weiterleben. Das verleiht Selbstliebe eine neue Bedeutung und Relevanz. Gleiches gilt auch für das Selbstbewusstsein. Für eine sehr lange Zeit dachte ich, dass Selbstbewusstsein bedeutet, überzeugt von sich und den eigenen Fähigkeiten zu sein und ich denke, dass viele Menschen das auch immer noch so sehen. Wenn ich den Begriff allerdings in seinen Bestandteilen betrachte, sehe ich ein Bewusstsein über sich selbst. Was bedeutet das? Für mich zeigt es, dass der Begriff „Selbstbewusstsein" die Wichtigkeit betont, sich selbst zu kennen. Es ist wichtig, die eigenen Stärken zu kennen, aber mindestens genauso wichtig ist es, die eigenen Baustellen zu kennen, sich zu ergründen und zu verstehen.

Auch meine Liebe zu Gott hat sich durch diese Erkenntnisse grundlegend verändert. Aus Schmerz wachsen schöne Dinge. Ich bin fest davon überzeugt, dass alles, wirklich alles in unserem Leben, aus einem bestimmten Grund passiert. Egal, wie hoch unsere Hürden sind, sie machen uns stärker. Sie formen uns und machen uns zu der Person, die wir heute sind. Viele der Tatsachen, die mich damals belastet haben, sehe ich inzwischen aus anderer Perspektive. Ein guter Freund von mir hat mir einmal Folgendes gesagt: „Sagen wir, du liebst jemanden und möchtest es dieser Person sagen. Wie tust du das? Du schreibst zum Beispiel einen Liebesbrief. Und die Person, die diesen Liebesbrief liest, wird diese Liebe in den Zeilen lesen, weil sie dich auch liebt. Gott schreibt aber keine Briefe. Gott zeigt dir seine Liebe, indem er dir Erinnerungen schickt, Erlebnisse schenkt, dich mit Leuten umgibt, die gut für dich sind. Seine Liebe liegt in Sonnenstrahlen, die dir Ener-

gie schenken oder in zweiten Chancen, die du bekommst. Gottes Liebe ist eigentlich überall. Wir müssen nur lernen, diese Liebe auch überall zu lesen." Ich
bin ihm immer noch sehr dankbar für diese Unterhal-
tung, weil er alles zusammengefasst hat, was in mir
vorging. *Allah* liebt mich. *Allah* zeigt mir, worauf es
wirklich in meinem Leben ankommt. Ich sehe heute in
meiner Selbstliebe auch die Liebe zu Gott. Ich sehe in
meinem Gesang die Liebe zu Gott, weil er mir etwas gegeben hat, das ich liebe, womit ich mich frei fühle und
etwas, das mich erfüllt. Er hat mir damit aber auch etwas geschenkt, mit dem ich anderen etwas geben kann.
Es ist eine emotionale Verbundenheit auf einer wunderschönen Ebene. In allem, was mir passiert, sehe ich
inzwischen seine Liebe zu mir. Er zeigt mir jeden Tag,
dass ich die Dinge, die ich liebe und die mir gut tun,
verdiene. Damit kommt eine Leichtigkeit in mein Leben, die ich mit Worten gar nicht richtig umschreiben
kann. Ich sehe darin, dass mein Vertrauen zu *Allah* größer geworden ist, meine Liebe zu ihm hat an Bewusstsein dazugewonnen.

PERSPEKTIV-WECHSEL: WAS WÜRDEST DU DEINEM JÜNGEREN ICH MITGEBEN?

Wer fände das nicht spannend?
Dein älteres Ich kommt dich besuchen,
um dir ein paar Dinge zu erklären. Ist
alles nach Plan gelaufen? Oder ist alles
zum Glück nicht nach Plan gelaufen?
Was hat man auf dem Weg gelernt?
Im besten Fall erzählt es von der
einen oder anderen Abkürzung.
Oder ist gerade der Weg das Ziel?

www.empoweras.de
Instagram: aminah.salaho

EIN MOTIVATIONS-
BRIEF AN DICH:
ACHTUNG! ER KÖNNTE
ZU MUTAUSBRÜCHEN
FÜHREN!

Aminah Salaho

Kopf hoch, meine Liebe. Eines Tages wirst du mit *Allahs* Hilfe eine wundervoll barmherzige Mutter und Ehefrau sein und obendrein noch deinen lang ersehnten Wunschberuf der Lehrerin ausüben dürfen – und das sogar mit Kopftuch. Und weil du eine Seele bist, die immer nach neuen erfüllenden Herausforderungen sucht, wirst du dich sogar noch zusätzlich selbstständig machen und leistest innerhalb der Community einen unglaublich wichtigen Beitrag für das zwischenmenschliche Zusammenleben.

Jetzt, wo ich die ersten Zeilen geschrieben habe, kann ich es gerade selbst kaum glauben.

Kneif. Es tut weh!

Kommen wir mal wieder auf den Boden der Tatsachen, denn mit dem Kopftuch ist es noch immer nicht sonderlich einfach. Politisch-medial ist es ein viel zu oft durchgekautes Kaugummi, das einem unter der Schuhsohle klebt und stellenweise daran hindern kann, mit Leichtigkeit seinen Lebensweg zu gehen. Dennoch: Es werden immer mehr, die ihre Träume verfolgen. Boxerinnen, Autorinnen, Ärztinnen, Unternehmerinnen – und heute erst habe ich von der ersten Catcherin mit Kopftuch gelesen.

Neulich hat man doch tatsächlich über ein Kopftuch-Verbot in Kitas diskutiert; wie du also merkst, fehlen den Leuten einfach die wirklich wichtigen Themen, die realitätsrelevant sind. Da kann doch so ein polemisierender Schrott während des Stammtischgeplänkels mit großer Empörung ganz schön Aufsehen erregen ... Oder vielleicht sind diese Aufreger einfach eine wunderbare Ablenkung von den wirklich relevanten Themen, um die sich sonst niemand kümmern möchte?

Dafür eignet sich das Kopftuch nach wie vor ziemlich gut.

Doch zurück zu dir.

Mit deiner Entscheidung, das Kopftuch zu tragen und damit erkennbar Muslimin zu sein, war dir bereits früh klar, dass dies deine Entscheidungen und dein Vorankommen beeinflussen würde. Wie hast du es dennoch geschafft, als Lehrerin zu arbeiten und dir ein zweites Standbein als Referentin, Trainerin und Speakerin aufzubauen?

Ich freue mich gerade wie ein Kind, dir die kleinen Geheimnisse verraten zu dürfen, denn ich habe deinen unsicheren, fragenden und in Sorge getrübten Blick gut vor Augen.

Vertrauen und Handeln

Du bist dir noch unsicher, was *Allah* für dich geplant hat, und schreckst vielleicht zurück, wenn sich mal ein Hindernis auftut. Manchmal interpretierst du das als eine Schranke, die gerade für dich heruntergeht, um dich am Vorankommen zu hindern. Doch Hindernisse sind in der Regel keine Schranken, sondern Herausforderungen. Du hast alles, was du brauchst, um das Hindernis zu überwinden und wirst es zur rechten Zeit auch schaffen. Das Leben ist nicht nur geradlinig, es ist mal ein Slalom, mal ein Labyrinth, mal ein steiniger Feldweg. Für jeden dieser Abschnitte brauchst du andere Herangehensweisen, andere Hilfsmittel und Tricks. Anders gesagt: Wenn Plan A nicht klappt, brauchst du eben einen Plan B, C und vielleicht auch gelegentlich mal einen Plan D. Betrachte Rückschläge nicht als Strafen, interpretiere auch nicht zu viel in sie hinein. Nimm sie mehr als Lerngelegenheit durch *Allah* wahr, aus der du deine Lehren für die Zukunft ziehst.

Vertraue auf *Allah*, hab zugleich Vertrauen in deine Fähigkeiten, denn ...

... dein Potenzial zu entfalten, ist ein Ausdruck von Dankbarkeit

Stell dir eine Künstlerin vor, die gern Blumen mit dem Bleistift zeichnet. Obwohl der Bleistift ein sehr einfach zu handhabendes Instrument ist, hat er immer denselben Grauton und kann daher nie die Farbpracht der Natur wiedergeben. Stell dir vor, sie hat die schönsten bunten Farben in einem Schrank eingeschlossen, weil sie sich nicht traut, etwas Neues auszuprobieren. Überlege dir mal, was verloren geht. Das kräftige Rot der Rose. Das zarte Blau des Vergissmeinnichts. Das strahlende Gelb der Sonnenblume. All das hat sie in ihrem Besitz und dennoch bleibt es ungenutzt. Wie schade, findest du nicht auch?

Genauso verhält es sich mit dir und deinen Potenzialen, die in dir schlummern und darauf warten, zum Einsatz zu kommen. Du hast so vielfältige Talente und Stärken, die dir *Allah* mitgegeben hat, um damit die Welt ein kleines Stückchen farbenfroher zu gestalten. Sei mutig und bediene dich deiner Talente!

Innerer Fokus

Höre in einem Zwiegespräch in dich hinein. Finde mit deinem Schöpfer heraus, wofür du brennst. Was deine Träume sind, deine wahren Träume. Nicht die Träume deines Umfeldes, die gesellschaftlichen Erwartungen, sondern wahrhaftig DEINE Träume. Lass deine Sorgen und deine Gedanken los und lass dir dein Gefühl sagen, was du im diesseitigen Leben erreichen möchtest, immer im Hinblick auf das Jenseits, das ewig währt.

Manchmal neigst du dazu „Ja" zu sagen, obwohl dein Inneres ganz klar ein „Nein" aussprechen möchte. Du DARFST deine Grenzen setzen, meine Liebe. Du kannst es den Menschen um dich herum nicht immer recht machen. Und nein, es ist NICHT egoistisch, wenn du deine Grenzen setzt.

Aus Neid wird Inspiration

Du begegnest Menschen, die dich gleichsam inspirieren und dir noch mehr das Gefühl geben, dass du klein bist. Vermutlich spürst du auch so etwas wie Neid, auch wenn du das nicht zugeben magst. Neid zu verspüren, kann dich verunsichern, und vielleicht vermeidest du es, dich diesem Gefühl zu stellen. Doch weißt du was?

Neid ist erst dann eine Gefahr, entwickelt sich erst dann zu Missgunst, wenn du klein bleibst und dich klein machen lässt. Durch deine dich blockierenden, dich verunsichernden inneren Gedanken, oder durch ein Umfeld, das dich nicht wachsen sehen möchte.

Das sind Blockaden, die die Kraft haben könnten, dich von deinem Weg und deinen Träumen abzubringen. Sie können manchmal auf dich wirken, als seien sie wie ein mächtiger Berg, der zwischen dir und deinen Träumen steht, schier unüberwindbar. Wenn du aber genauer hinschaust, dann stellst du fest, dass dieser bedrohlich wirkende Berg letztendlich nur eine Konstruktion in deinem Kopf ist. Und dass es Wege drumherum gibt. Sobald dieser Berg einmal überwunden ist, erwartet dich eine fruchtbare, wunderschöne Tallandschaft in den schönsten Farbfacetten des Lebens.

Belastungen

Du bist dir gerade noch nicht annähernd bewusst, wie stark du bist. All jene Schicksale und Prüfungen, die du bereits in jungen Jahren erlebtest, haben dir einerseits Leid zugefügt, andererseits haben sie dich ein ganzes Stück wachsen lassen. Die Verletzungen werden heilen, auch wenn du es dir momentan vielleicht nicht vorstellen kannst. Der Schlüssel hierfür heißt Vergebung.

Du musst nichts verdrängen oder verstecken …

Wer du bist

Ach ja, und zuletzt noch eine Anregung, die dir in deinen Identitätskonflikten ein wenig den Druck von den Schultern nehmen wird:

Du bist Teil dieser Gesellschaft. Ob syrisch, deutsch oder „ausländisch" (wie du oft abgestempelt wirst), nur du entscheidest, wer du bist. Betrachte deine Facetten wie Karten und je nachdem, wer vor dir steht, entscheidest einzig und alleine du, welche Karte du gerade zücken möchtest.

Wie sagte Herbert von Karajan noch? „Wer all seine Ziele erreicht hat, hat sie sich als zu niedrig ausgewählt." In diesem Sinne: Erlaube dir groß zu denken und zu träumen.

Instagram:
salouamohammed
Facebook:
Saloua Mohammed

UNBEIRRT FÜR
DEN GUTEN ZWECK

Saloua Mohammed

Nicht ganz ungerechtfertigt heißt es: „Der Mensch plant, und das Leben kichert darüber." Unverhofftes kommt öfter vor, als Menschen planen, und in dem Spruch „Kommt Zeit, kommt Rat" steckt ein Hauch Wahres. Menschen brauchen Erfahrungen und können nur durch diese lernen, reflektieren und vor allem wachsen. Aus diesen Erfahrungen formen sich bestenfalls positive Veränderungen aus, die zu einer Weiterentwicklung des eigenen Selbst beitragen. Hierfür muss jedoch eine gewisse Offenheit vorhanden sein, diese Veränderungen anzunehmen, bleibt doch nichts so, wie es ist. Oder wie wir im Rheinland sagen: „Nix bliev wie et wor."

Was sich aus dem Vorausgegangenen wie eine vollendete Lebensphilosophie liest, ist im Grunde genommen nichts anderes als eine kompakte retrospektive Betrachtung der eigenen Vita. Um diese Sichtweise einzunehmen, hat es viel Zeit, gute und negative Erfahrungen, Hoffnungen, Enttäuschungen, Rückschläge und vor allem viele harte und ehrliche intersubjektive kritische Reflexionsmomente gebraucht. Das alles anzunehmen und zu sagen: „Alles, was passiert ist, musste passieren, damit ich heute mit diesem Erfahrungsschatz hier stehe, wo ich stehe", ist in den Momenten des Zweifelns und Ringens absolut nicht absehbar. All diese Prozesse zu verstehen und zu würdigen, ist am Ende das, was einem Menschen Kraft gibt. Und solche gedanklichen Kraftquellen, die aus nicht immer einfachen intersubjektiven Reflexionsmomenten heraus entstehen – nennen wir sie Energietankstellen –, sind sehr wichtig. Auch das musste ich mit der Zeit erkennen und annehmen. Wir sind Produkte unserer Sozialisation, unserer Erziehung und unserer Umwelt. Diese Instanzen hinterlassen tiefe Spuren in uns, sodass nicht ohne weiteres das Erfahrene, Erlebte und Erlernte kritisch zur Diskussion gestellt werden kann. Manchmal löst das Unbehagen bis hin zu Angst in uns aus. Und manchmal haben wir sogar das Gefühl, die uns lieb Gewonnenen, die eigene In-Group, ja sogar uns selbst zu verleugnen. Und auch das sind Erfahrungen, an denen wir wachsen.

Besonders geprägt haben mich in diesem Zusammenhang meine Großmutter und meine Mutter, die mir ziemlich früh nahegelegt haben, dass es zur Weiterentwicklung der eigenen Persönlichkeit wichtig ist, eine kritische und fragende Haltung einzunehmen und nicht alles anzunehmen, nur weil es einem vertraut erscheint oder von Menschen kommt, denen man vertraut. Diese Haltung übertrug ich auf alle Bereiche meines Lebens, und je älter ich wurde, desto mehr fiel mir auf, dass sich vor allem in Bezug auf Religion und Gender Konfliktfelder aufmachten. Ich erfuhr sehr früh, dass Frauen* mit zahlreichen Vorurteilen und Benachteiligungen konfrontiert werden. Und ich erfuhr, dass es umso schwieriger für die betroffene Person im sozialen und gesellschaftlichen Miteinander werden kann, je mehr Differenzlinien zu der Kategorie Gender hinzukommen. Es werden bestimmte Annahmen vorausgeschickt und Überzeugungen hartnäckig verteidigt – ganz gleich, was die betroffene Person selbst zu vermelden hat. Es kann sogar dazu führen, dass der betroffenen Person explizit Ressourcen und Zugänge verwehrt werden. Als muslimisch gelesene Frau habe ich nicht selten die Erfahrung gemacht, dass mir von vornherein abgesprochen wurde zu wissen, was ich will, weil mir per se eine Unterwürfigkeit aufgrund religiöser Zugehörigkeit vorgeworfen wurde oder fehlendes Wissen und Können aufgrund meines Geschlechts. Positioniere ich mich deutlich, wird mir entweder vorgeworfen, widersprüchlich zu sein, da meine Meinung und mein Auftreten ja nicht zueinander passen würden, oder aber es wird der Versuch unternommen, mich an den mir zugewiesenen Platz zu verweisen und mir das Sprechen *für* mich zu verwehren. Innerhalb der muslimischen Community habe ich, so divers wie diese ist, auch verschiedene Erfahrungen in Bezug auf Religiosität und Gender gemacht.

Hier eine kleine Zeitreise: Es ist das Jahr 2000. Ich begebe mich auf eine Veranstaltung, die von muslimischen Jugendlichen in einer Moschee in einer deutschen Großstadt organisiert wird. Als ich mit meinem Redeanteil zum Thema Ungleichheit unter den Geschlechtern im innermuslimischen Diskurs dran war, wurde ich von einer männlichen Person ausgebremst und mir der Mund verboten. Was ich denn damit meinen würde, und ob ich denn nicht wüsste, wo mein Platz als Frau im Islam sei? Mein Sprechen vor einem männlichen Publikum sei anmaßend und nicht islamkonform, und Ungerechtigkeit gebe es im Islam nicht.

Es ist der 5. Mai 2012. In Bonn-Mehlem werden bei einer Ausschreitung während einer PRO-NRW-Kundgebung zahlreiche Menschen verletzt, darunter drei Polizist*innen schwer. Die Ausschreitungen finden statt, als die Bürgerbewegung PRO-NRW Propheten-Karikaturen aus Protest gegen Muslim*innen emporheben. Daraufhin eskaliert die Gewalt auf Seiten der Gegendemonstrant*innen, angezettelt von salafistischen Akteuren, die sich bundesweit organisiert haben, um für diese Kundgebung in Bonn-Mehlem zusammengekommen. Im selben Monat organisiere ich einen Friedensmarsch auf derselben Route. Weiße Rosen werden an die traumatisierten Anwohner*innen verteilt, zahlreiche Gespräche geführt und Trost gespendet. Es fließen viele Tränen, denn die Anwohner*innen haben Angst. Die Bilder der Gewalt waren erschreckend und verstörend: fliegende Pflastersteine, zerbrochene Fenster, laute *Allāhu akbar*-Rufe. Ältere Menschen aus dem Stadtteil berichten von kriegsähnlichen Zuständen, durch die sie getriggert wurden. Den schwer verletzten Polizist*innen, die inmitten dieser Gewaltwelle versuchten, eine große Anzahl an salafistischen Gegendemonstranten zu stoppen, wurde am

Ende des Friedensmarschs gedacht. Warum ich so einen Friedensmarsch organisieren würde?, wurde ich gefragt. Ob ich denn wirklich denke, dass mir das abgekauft und meine Strategie der islamistischen Unterwanderung der deutschen Gesellschaft nicht durchschaut werden würde?, sagte man mir. Warum ich mich mit Ungläubigen solidarisieren würde, die das Aufzeigen der Propheten-Karikatur erlaubt haben?, wurde mir vorgeworfen. Ob ich überhaupt noch als Muslimin bezeichnet werden könne?, fragten sich wiederum andere. Wieder andere forderten, mich mundtot zu machen, und das für immer.

Es ist das Jahr 2021. Ich werde darauf angesprochen, wie ich das mit meiner Religion vereinbaren kann, queere Muslim*innen zu beraten und zu unterstützen. Auf meine Antwort hin, dass ich bereits seit 2008 diese vulnerable Zielgruppe berate und unterstütze und ich als professionelle, staatlich anerkannte Sozialarbeiterin und nicht als Muslimin wahrgenommen werden möchte, wird meine Professionalität dennoch infrage gestellt. Ob ich das als islamkompatibel sehen würde, was ich hier als muslimische Frau von mir gebe? Das alles sei doch nur Schein, da ich doch lediglich meine salafistischen Ambitionen hinter der Beratung von queeren Menschen verstecken würde, sagen andere. Wiederum andere zweifeln meine Glaubenszugehörigkeit an: Was ich mir dabei denken würde zu erlauben, was doch im Islam ganz klar verboten sei? Ob ich nicht wisse, wie es um Homosexualität im Islam steht. Man müsse mich endlich zurechtweisen.

Im Laufe meiner menschenrechtsaktivistischen und sozialarbeiterischen Tätigkeit wurde ich mit solchen und weitaus bedrohlicheren Aussagen und Handlungen konfrontiert. Im Zentrum standen oft zwei Kategorien: Gender und Religion. Die Beispiele, die ich weiter aufführen könnte, sind zahlreich. Was ich mit diesem Anriss deutlich machen will, ist, dass die Reise als Mensch in seiner Entwicklung nie anhält. Wir wachsen an dem Austausch und den Erfahrungen mit anderen Menschen, aber auch an den Rückschlägen, die man erlebt. Am allerwichtigsten ist es hierbei, sich zu entscheiden, wo man als Mensch steht, fernab von allen Fremd- und Selbstzuschreibungen, und vor allem, für was man einsteht. Meine Entscheidung ist es, trotz Widerständen, Vorurteilen, Ressourcenverweigerungen und Hindernissen, für ein solidarisches, gerechtes, menschenrechtszentriertes und friedliches Miteinander einzustehen. Um das zu verwirklichen, versuche ich jeden Tag an mir als Mensch zu arbeiten und mich gleichzeitig von anderen Menschen, die sich mit mir solidarisieren, empowern und unterstützen, inspirieren zu lassen. Jeden Tag aufs Neue.

www.busenuruygun.com
Instagram: @busenuor
Youtube: Busenur
Podcast: Enlight & Fly

„WERDE ZU DEM
MENSCHEN, DER DU
DIR VERSPROCHEN
HAST ZU SEIN."

Busenur Uygun

Diese Worte waren damals mein treues Versprechen, ein kurzes Gelübde, gerichtet an mein zukünftiges Ich. Um ehrlich zu sein, wusste ich nie, wie ich mich in diesen Menschen verwandeln soll oder welche Türen sich auf dem Weg dorthin öffnen würden. Jetzt fragst du dich sicherlich, aus welchem Anlass ich eine ‚Wandlung' angestrebt und auf ein neues Ich gehofft habe. Aus retrospektiver Sicht würde ich heute behaupten, dass die Entscheidung, ein neues Ich anzustreben, eine der wichtigsten im Laufe meines Lebens war. Ich war schon immer eine sehr wachsame Seele, die die Gegebenheiten der Realität, die Menschen und Situationen aus einer ungewöhnlich aufmerksamen Brille betrachtet hat. Diese Eigenschaft wurde mir in jungen Jahren manchmal zum Verhängnis, da ich aufgrund meines Alters Dinge nur begrenzt auffangen und einordnen konnte, sie aber trotzdem gefühlt habe. Heute kann ich dazu sagen, es war die Empathie, die ich empfand, aber selbst wenig erhielt. Irgendwann merkte ich, dass ich mich mit dem Älterwerden immer mehr zu einer ruhigen, passiven und teilnahmslosen Persönlichkeit entwickelt habe. Um die Karten offen auf den Tisch zu legen: Mein jüngeres Ich war immer getrieben und beflügelt von Neugier und Lebensdurst. Diese spürte ich jedoch von Tag zu Tag immer weniger, da gewisse Glaubenssätze mich an der Leine hielten und meinen Tatendrang in jedem Lebensbereich bremsten. Vielleicht begleiten dich ähnliche Sätze und Fragen, wie:

„Wer bin ich denn schon?", „Welchen Platz habe ich auf dieser Welt verdient?", „Meine Zeit ist vorbei, das Leben war mal angenehm" und "Mein Zustand ist nicht zu retten!" Deshalb sind meine Worte in erster Linie für mein kleines Ich und an dein kleines Ich gerichtet. An die Mutigen, den bald mutig Werdenden, den kraftvollen Schwachen und an diejenigen, die noch an das Leben glauben, an die Hoffnungsvollen und insbesondere an die, die auf der Reise zu ihrem inneren Licht sind – denn ich suchte vergeblich außerhalb nach dem Licht, obwohl es in mir immer am Flimmern gewesen war.

Das Licht
Es beleuchtet meinen Weg,
beleuchtet den Pfad,
welchen ich durchlaufe – und ja,
manchmal auch stolpere und oft falle.
Es beleuchtet nicht mich, es leuchtet in mir.
Damit der Schein nicht mein Sein übertrifft und mich erblinden lässt. Es leuchtet aus mir, damit ich die Stärke der Beleuchtung
auf den Seelen vor mir spür'.
Das Licht, es ist keine Gabe, gar kein Talent. Es ist bereits das, was in dir steckt.
Nämlich dein Sein, ohne jeglichen Schein. Es ist das Licht, was Gott bereits in dir sah, bevor du das Licht der Erde sahst.

Das Licht – was zeichnet es tatsächlich aus?

Das Licht in dir trägt deine von Gott gegebenen Potenziale, Kompetenzen und Gaben – kurzgefasst: den menschlichen und genuinen Kern in dir. Es ist die Hoffnung, die in dir lebt, noch vor deinem ersten Atemzug. Es sind deine Interessen, Dinge, die dich Raum und Zeitgefühl vergessen lassen. Es ist dein wahrer Kern; die Person, die du wirklich bist, wenn kein Mensch im Raum zu sehen ist. Wer bist du dann? Was zeichnet deine Besonderheit aus? Notiere dir diese Dinge und fange an, dich kennenzulernen. Als ich mich dafür entschieden habe, mehr Zeit in mein kleines Ich zu investieren, musste ich vorher natürlich viele Fragen an mein zukünftiges Ich stellen. Ich fragte sie, auf welche Ereignisse sie gerne zurückblicken möchte, wenn sie mal mit 80 Jahren auf einer Parkbank die letzten Jahre ihres Lebens absitzt. Ich schloss meine Augen und wurde konkreter: „Du sitzt mit deinen 80 Jahren auf einer Parkbank und lässt dein Leben Revue passieren, Busenur. Was hast du alles erreicht? Was erzählen deine Kinder, deine Enkelkinder über dich? Welche Spuren hast du auf der Welt hinterlassen? Und was erzählt die Erde über deine Fußstapfen?"

Besonders durch diese Methode, aus dieser Perspektive auf mein Leben zurückzuschauen, gelang es mir, bewusst einen Wandlungsprozess zu beginnen. Ich war bis zu diesem Zeitpunkt keine Person gewesen, die sich getraut hat, sich anderen Menschen vorzustellen, geschweige denn den banalsten Smalltalk zu betreiben. Ich lebte von Tag zu Nacht und habe immer mehr zu spüren bekommen, dass das Leben an mir vorbeizieht. Ein Gespür für die Zeit hatte ich nicht mehr. Und weißt du was? Ich habe nie an eine schöne Zukunft geglaubt. Dadurch, dass die Kälte meine Seele ummantelt hatte, konnte ich auch meine Mitmenschen nicht mit Wärme nähren. Ab dem Zeitpunkt, an dem ich jedoch alles in mir zu akzeptieren begann und dem Kind in mir mein Gehör schenkte, traten neue Phänomene in mein Leben ein. Ich wurde selbstbewusster, hatte eine immense Willensstärke aufgebaut und in mir wurde es plötzlich so warm, dass ich es nicht mehr nur für mich behalten konnte. Das kam alles nicht von ungefähr. Doch ich kann dir sagen, es fing alles mit dem Moment an, als ich dem kleinen Ich in mir die Hand gereicht habe. Denn das Kind in uns schreit manchmal, weint manchmal und sagt uns manchmal Dinge, die wir einfach nicht hören wollen. Sätze, die wir lange Zeit verborgen hielten. Warum wehrst du dich, mein Schatz? Das kleine Wesen braucht dich doch, dachte ich mir. Es braucht deine Nähe und dein friedliches Ich. Die Sicherheit, dass du deine Hand reichst und in Dankbarkeit versinkst. Das Kind in dir will gehört werden. Manchmal weint ihr gemeinsam, doch am Ende begleitet die Wärme euch im stolzen Alleingang. Also worauf wartest du? Uns verbindet alle die einzige Wahrheit, Mensch zu sein und ein Herz zu tragen.

Dein Herz, es ist eine Triebfeder für die Gutmütigkeit, die Vollkommenheit und Liebe in Räumlichkeit. Ein Organ, welches ab dem ersten Atemzug des Menschen mit den schönsten Blüten der Dankbarkeit verziert wird. Und stets darauf wartet zu blühen, zu strahlen und die große Welt mit Leidenschaft zu umarmen. In den ersten Lebensjahren, als wir anfingen, die ersten Schritte nach vorne zu wagen ... und plötzlich mit beiden Knien auf der Wiese warn', Hals über Kopf strahlten, weil wir mit unseren ca. 12 cm winzigen Händen eine Blume aufgefangen hatten ... Der Blick, welcher von der Blume zu den Wolken schwankt, lässt uns heute noch immer danken: „Mein Herz, dich muss ich noch sehr lange im Auge behalten!" Lasse nicht zu, dass dein Herzblatt voller Blüten verwelkt, begieße es regelmäßig. Tu deinem inneren Kind den Gefallen und beherzige die Blüten. Die Blüten, die du als Kind aufgefangen hast und jeden Moment voller Euphorie verbrachtest.

www.kulturton.com
Instagram:
kulturton und tu_dro
Facebook: Kulturton

IN ALL DEINEN
FACETTEN:
SEI DU SELBST!
Türkân Deniz-Roggenbuck

Das alles bist du.

Mit allem Licht und Schatten, mit allem Sicht- und Unsichtbaren, mit allem Geliebten und Ungeliebten. Alles Facetten von dir, die in deinem Werden, deinem andauernden Weg der Entwicklung, deine Begleitung sind. Und diese Begleitung wird nicht enden. Nicht gestern, nicht heute, nicht morgen. Jeder Tag fordert heraus. Mal sind es kleine gedankliche Stolpersteine, die erden. Mal sind es scheinbar unüberwindbare Brocken, die vortäuschen, dass das Tor deiner Wünsche und Träume geschlossen ist. Zu welchen sich dahinter verborgenen Wegen und Kreuzungen auch immer.

„Der Glaube an sich selbst zählt zu den unerschütterlichsten Religionen." Welche Aussagekraft dahinter steckt! Ob nun der Glaube an sich, der Glaube an eine Religion, der Glaube an eine Lebensphilosophie. Alles sehr individuelle, persönliche und intime Bezüge zu seiner eigenen Person, die nicht fremdbestimmt sind. Solange wir diese Fremdbestimmung nicht zulassen und unserem inneren Kompass folgen, über den wir alle verfügen. Diesen inneren, unerschütterlichen, sturmfesten Kompass. Aber zu oft – so auch ich in jungen Jahren – lassen wir sie zu, diese Fremdbestimmung. Wider besseren Wissens.

Wir lassen uns fremdbestimmt leiten, denken und fühlen fremdbestimmt. Und dabei kennen wir oft die Antwort auf die Fragen, die uns beschäftigen. Wir kennen unsere Träume und Wünsche, denen wir uns tags und nachts hingeben. Wir fühlen und spüren, was uns fehlt. Allein: Oft fehlt es uns an Mut und Selbstliebe, diese fordernd und laut zu formulieren. Aber vielleicht sind es eben jene Erfahrungen, die uns wachsen lassen, stärken, sensibilisieren.

Wenn ich nun also zurückblicke auf das Kind, das ich war, sehe ich ein Kind voller Tatendrang und starkem Willen. Ich sehe und höre ein kleines Mädchen, welches unbedingt in den überfüllten Kindergarten wollte. Die ihre Mutter dabei unterstützte, die Kindergartenleitung zu überzeugen, aufgenommen zu werden mit „Ben kendi sandalyemi getiririm." (Türk.: „Ich bringe meinen eigenen Stuhl einfach mit.") Ich sehe eine lernbegierige Grundschülerin, die so viel erfassen wollte, wie es ging, und gleichzeitig sehe ich eine Teenagerin, die mit Beginn des Gymnasiums Anpassungsschwierigkeiten hatte. Auch in ihrem Elternhaus. Die rebellierte und anfing, sich für ihre Herkunft zu schämen, für ihre Geschichte zu schämen. Ein Mädchen aus einem einfachen Arbeiter*innenhaushalt mit familiärer Migrationsgeschichte. Defizitär, aussätzig, anders. Anders gemacht.

Obwohl sie ihre Familie, diesen Reichtum, sich aus der türkischen, lasischen und deutschen Kultur bedienen und darin ausdrücken zu können, diesen bedingungslosen Zusammenhalt, diese Nähe liebte, distanzierte sie sich immer mehr von dem, was ihr eigentlich wichtig war. Von dem, das ihr dabei geholfen hatte, Resilienz aufzubauen; diese unerschütterliche innere Gewissheit, dass alles, wie es kommt, genau richtig ist.

Und heute, mit dem Blick zurück, resümiere ich: Dieser Perspektivenwechsel war notwendig, um meine doppelt besetzte Scham, mir und meiner Familie gegenüber, kennenzulernen.

Sich neu zu definieren, neu zu verorten, neu zu erfinden. Sich zu entfernen, um wieder die Nähe zu spüren. Sich fallen zu lassen, um aufgefangen zu werden. Zu werden und zu sein.

Mein Plädoyer an mein jüngeres Ich ist: Sicher, einige Wege hättest du dir ersparen können, einige hätten dir wiederum gutgetan. Deine Gedanken wären weniger vernarbt, aber deine Wahrnehmung wäre um einiges eingeschränkter. Deine Seele wäre knitterfrei, aber deine Gefühle wären um einiges ärmer. Du musst dich nicht über die Umwege freuen, die dir das Leben bereithält. Du musst sie auch nicht lieben. Du sollst sie aber auch nicht hassen. Lebe den Moment, plane, soweit es dir guttut, und folge deinem Kompass. Der wird mal nach Norden und Westen, nach Süden und Osten ausschlagen und dir neue Blickwinkel zeigen. Nimm sie als solche wahr. Ich weiß, der Blick zurück ist immer einfacher als der Moment selbst. Aber glaube mir, dass alles sich genau so fügt, wie es soll. Folge nur deiner inneren, rechtleitenden Nadel. Sprich aus dem Herzen, sprich mutig und aufrichtig. Sprich angstfrei und schäme dich nicht. Sei du selbst. Alles andere wird folgen.

Instagram:
namika_die_schreiberin
TikTok: Schnamika

SCHERBEN
ZUSAMMENKLEBEN

Namika – die Schreiberin

Mit nackten Füßen stehe ich auf meinem winzigen Balkon. Die heiße Sommersonne hat tagsüber den sandfarbenen Boden aufgeheizt. Nackte Füße auf wohlig warmem Steinboden. Das fühlt sich gut an. Die Wärme zieht wohltuend in meine kalten Füße. Mit verschränkten Armen schaue ich über die Baumwipfel. Lasse meinen müden Blick über die Dresdner Altstadt schweifen. Sehe ihre Kirchtürme und die dunkelgrünen Baumkronen, deren Spitzen rot gefärbt vom Sonnenuntergang sind. Schwalben segeln geschwind an meinem Kopf vorbei. Während ich mich selbst halte, streicht der laue Sommerwind über meine kühlen Wangen. Ich fühle mich lebendig. So lebendig! Wie seit Jahren nicht mehr.

Habe ich mich je lebendig gefühlt? Zumindest kann ich mich nicht mehr daran erinnern. Zu lange lebte ich in einem Verlies. Einem eiskalten Verlies der Einsamkeit, Trauer und Gewalt. Während andere Kinder und Jugendliche leicht und glückselig über die grüne Wiese rannten, sah ich sie nur verständnislos an. Nein, nicht nur verständnislos, sondern auch neidisch! Sie sahen das satte Grün, hörten das fröhliche Singen der Vögel und liefen dem Leben in die offenen Arme. Ich hingegen sah so oft nur eine Wiese, die für Glückliche bestimmt war, aber nicht für jemanden wie mich. Hörte das Zwitschern der Vögel, das für glückliche Kinderohren bestimmt war, aber nicht für die meinen. Sah das Leben mit all seinen Möglichkeiten und Facetten, aber jedes Mal, wenn ich einen Schritt darauf zu ging, schien es mich hämisch auszulachen und seine Türen vor mir zu verschließen.

Wie oft starrte ich nachts in den dunklen Sternenhimmel, dick eingepackt in eine Wolldecke und fragte mich stundenlang: „Vielleicht liegt es an dir? Du bist nicht so liebenswürdig wie all die anderen Mädchen, die von ihren Eltern geliebt werden. Vielleicht ist es deine laute Art, dein rebellisches Sein. Immer musst du dich einmischen, widersprechen und unangenehme Fragen stellen. Du bist nicht sonderlich hübsch, das muss man mal ganz ehrlich sagen. Die anderen sind es aber allemal! Deine Zähne sind nicht gerade, deine Augen funkeln nicht fröhlich, dein Haar schreit förmlich nach Hässlichkeit und deine Haut ist blass. Du kannst gar nichts Besonderes, während die anderen Mädchen fechten, reiten und lieblich singen können. Was kannst du schon? Wer bist du schon? Niemand Wichtiges!"

Schlag um Schlag, Erniedrigung um Erniedrigung bekam mein Selbstbild Risse. Anfangs waren sie zart und oberflächlich, doch mit der Zeit wurden sie tiefer und gröber. Bis sie sich eines Tages miteinander verbanden und das Bild meines Selbst zu zerspringen drohte. Wie ein einst wertvoller, teurer Silberspiegel, wenn man ihn mit einem schwarzen Stein bewirft. Es knackt. Laut und gut hörbar. Aber nur für denjenigen hörbar, der das Unglück sieht und danebensteht. Und so hörte auch ich, wie mein Selbstbild knackte. Fürchterlich laut zerbarst es. Die abertausenden Scherben waren zu viele, um sie mit meinen Händen aufzufangen. Hatte ich doch nur zwei davon! Nur zwei Hände, die alles auffangen sollten. Ganz allein.

Und doch schaffte ich es. Ich schaffte das Unvorstellbare: Mir gelang es, große Selbstbildscherben aufzufangen. Und nicht nur das. Ich konnte sie festhalten. Sie entglitten mir nicht wieder, obwohl meine zarten Händchen doch so blutig waren.

Mit den Jahren setzte ich sie langsam wieder zusammen. Mit Geduld und Liebe. Und dann fand ich ein Werkzeug, das mir dabei half, all meine wertvollen Selbstbildscherben so aneinander zu befestigen, dass sie nie wieder auseinanderbrechen würden: die Liebe zu Gott. Mit jedem Tag, an dem ich meinen Schöpfer näher kennenlernte, heilten meine verletzten Hände weiter. Jeder weitere Schritt, der mich näher zu meiner Religion führte, half mir dabei, alle Scherben, die verloren gegangen waren, zu ersetzen. Es waren schönere Scherben, die sich an die meinen anschmiegten.

Im japanischen Raum gibt es zersplittertes Geschirr, das man mit goldenem Kleber so repariert, dass es wieder stabil und so schön ist, wie nie zuvor. Genauso fühlte ich mich eines Tages. Schön und einzigartig. Ich lernte, mich selbst zu lieben, so wie ich bin! Lernte, im Islam mein Leben als das zu sehen, was Gott dafür bereits vor meiner Geburt bestimmt hatte: ein wichtiger Bestandteil dieses unermesslich großen Kosmos zu sein. Ich zähle! Es gibt mich nur ein einziges Mal. Daran kann niemand etwas ändern. Egal, wie sehr jemand versuchen mag, mich zu brechen. Mir meine Wichtigkeit in diesem Leben wegzureden. Mir einzureden, ich sei nicht gut, so wie ich bin.

Jeder Weg, sei er noch so finster, einsam und schwer zu gehen, sollte mich zu der werden lassen, die ich heute bin: mutig, stark, laut, rebellisch, fragend, unbequem für Ungerechte, liebenswürdig, hilfsbereit und engagiert! Ich bin gut, genau so, wie es mich gibt!

Das möchte ich dir sagen, vergangene Namika. Ich weiß, es gibt bitterkalte Momente, in denen du zweifelst. An dir, deinem Sein. Aber lass dir gesagt sein, dass ich dich liebe! Und dass es andere Menschen geben wird, die dich bedingungslos lieben werden. Für die Person, die du bist. Für deine Art, dein Sein.

Die Scherben, die du heute in den Händen hältst, werden später zu einem ganz besonderen Muster wieder zusammengesetzt sein. Du wirst es schaffen, sie zusammenzusetzen, und zwar so, dass sie wie eine japanische Schüssel mehr denn je in Schönheit und Stärke erstrahlen werden. Mit Gold verfeinert und unzerstörbar. Du wirst lernen, was Liebe bedeutet, und einen Weg beschreiten, der dich das saftige Grün der Wiese, das fröhliche Singen der Vögel und das Leben mit all seinen Möglichkeiten und Facetten erleben lassen wird!

Halte nur durch und gib niemals auf!

www.hayatunakademie.com
Instagram: khloud.zaheriraqi
YouTube: Khloud Zaher-Iraqi

DIE GRENZEN SIND
NUR IN DEINEM KOPF

Khloud Zaher-Iraqi Ph.D.

Liebe Khloud, weißt du noch, als du deine Lehrerin angeguckt und dir gesagt hast: „Das möchte ich auch einmal werden." Oder als du die Ärztin angestaunt hast und dir dachtest: „Das, was sie kann, das kann ich auch." Und wie du angefangen hast, dir vorzustellen, wie du unterrichtest oder Kinder behandelst und Wunden versorgst?

Voller Eifer und voller Selbstvertrauen hast du deine Träume weitererzählt, mit der Hoffnung auf Mitfreude und Verständnis. Dann weißt du bestimmt auch noch, dass du ausgelacht wurdest, wenn du über deine Wünsche gesprochen hast. Und dass du schnell gemerkt hast, dass du mit niemandem darüber reden kannst, weil sie in dir mehr eine Haus- und Ehefrau gesehen haben als eine Ärztin oder Lehrerin.

Weißt du noch, als du angefangen hast zu schweigen, weil du das Auslachen nicht mehr ertragen konntest, und dass du dich immer weiter zurückgezogen hast, weil deine Schmerzen immer größer wurden?

Du hast aufgehört, irgendjemandem zu erzählen, dass du Abitur machen willst, um dann zu studieren.

Man hat versucht dir einzureden, dass du in die Küche gehörst und lernen sollst, gut zu kochen und zu putzen und dass studieren dich nicht weiterbringt. Du erinnerst dich an diese Zeit.

Diese Zeit wird nie wiederkommen und du wirst an deine Vergangenheit denken und darüber lachen können.

Warum? Weil du niemals aufgegeben und an deinen Wünschen und Träumen festgehalten hast. Weil du angefangen hast, nur noch auf deine innere Stimme zu hören, weil du dein Umfeld gewechselt hast und es mit Menschen zu tun hattest, die dir dabei geholfen haben weiterzukommen.

Und sieh mich an: Das ist aus uns geworden.

Dein Ehrgeiz, dein Mut, deine Stärke, deine Ausdauer und vor allem deine Vorstellungskraft haben aus uns genau diesen Menschen gemacht, der du sein wolltest.

Ich möchte dir sagen, dass ich so unendlich stolz auf dich bin und dankbar bin, dass du nie aufgegeben hast, liebe Khloud.

Mein Name ist Khloud Zaher-Iraqi, ich habe den Doctor of Philosophy, Alternativmedizin, in Colombo absolviert, bin seit über zwölf Jahren Unternehmerin und Inhaberin einer eigenen Heilpraxis und eines Bio-Kräuterladens, und das ist meine Geschichte:

Ich bin in Berlin-Neukölln großgeworden, in einer großen arabischen Familie, wo Kultur und Tradition sehr ausgeprägt waren oder zum Teil auch noch sind. Als ältestes von sieben Kindern war es nicht immer einfach, Privatsphäre oder Rücksicht auf meine Bedürfnisse einzufordern. Ich habe gelernt, damit zu leben, weil es nichts anderes gab.

Egal wie es sich anhört, im Endeffekt hat das aus mir die starke Frau gemacht, die ich heute bin. Mit 19 Jahren habe ich geheiratet. Ich habe mir einen Mann ausgesucht, der bereit war, meinen Weg mit mir zu gehen. Wir haben eine Familie gegründet. Mit dem Fokus auf meine Ziele habe ich jeden Tag aufs Neue weitergemacht. Meine innere Stimme wurde meine Freundin, und wir konnten gemeinsam ein Ziel nach dem anderen erreichen.

Nach meiner Ausbildung zur Arzthelferin habe ich mein Abitur nachgeholt, danach eine Ausbildung zur Heilpraktikerin beendet. Anschließend habe ich mich mit der Energiemedizin beschäftigt.

Neben meinem Fernstudium (Philosophy) in Colombo habe ich zwei Unternehmen gegründet, meine Heilpraxis und meinen Kräuterladen.

Ich habe gelernt, mich immer auf den Moment zu konzentrieren, und so bemerkt, dass alles möglich ist, wenn der Wille groß genug ist.

Ich habe angefangen, mit Tages-, Wochen- und Monatsplänen zu arbeiten, eine Struktur zu Hause aufgebaut und gelernt, meinen Tag *nur* mit Prioritäten zu füllen.

Meine vier Kinder, die ich währenddessen bekommen habe, waren und sind ein Teil meiner Arbeit. Sie gehören mit dazu und laufen nicht nebenher. Meine Kinder waren nie ein Hindernis zu arbeiten oder zu einem Vortrag zu gehen oder ein Seminar zu besuchen. Ich habe sie mitgenommen, wohin ich wollte.

Den größten Widerstand erfuhr ich am Anfang, den ersten Schritt zu machen und mit etwas zu beginnen, war schwierig. Unser Kopf oder unsere Gedanken sagen uns meistens: „Das geht doch nicht, wie soll ich das schaffen, ich brauche doch Hilfe, ohne Hilfe schaffe ich nichts."

Oder man hat ein Umfeld, das ständig etwas von einem möchte. Aber ich sage dir: Alles, was in deinem Kopf an Glaubenssätzen verankert ist, sind Sätze aus deinem Umfeld. Derjenige, der dir erzählt hat, dass du etwas nicht schaffen kannst, sagt das, weil er oder sie es nicht geschafft oder erst gar nicht versucht hat. Ich sage es noch einmal: Du schaffst das, was du schaffen möchtest! Erst, wenn dein Wille größer ist als deine Angst, wird es kein Hindernis mehr geben.

Was mir auf meinem Weg sehr geholfen hat, war es, Menschen zu Rate zu ziehen, die schon das erreicht hatten, was ich noch vorhatte. Also Dozenten, Therapeuten und Berater. Ich habe so viele Seminare besucht (was ich immer noch mache) und mich mit Menschen unterhalten, die mich unterstützen.

Ich habe angefangen, mich mit niemandem mehr über mein Vorhaben zu unterhalten. Keinem von meinen Plänen zu erzählen. Ich habe es für mich behalten und jeden Tag eine kleine Aufgabe erledigt, um meine Ziele zu erreichen.

Sobald du eine Sache geschafft hast, wirst du begreifen, dass es geht.

Es ist ab dann eine Sache der Priorität und Organisation. Je mehr du dich auf dich konzentrierst, desto weniger wirst du Zeit für andere Menschen haben, die dir vielleicht nicht einmal guttun.

Erlaube dir große Ziele und Wünsche, aber vergiss nie, Zwischenstopps einzubauen. Du brauchst Zwischenziele, damit du immer wieder innehalten und reflektieren kannst, ob deine großen Ziele immer noch dieselben sind.

Ich wünsche dir ein Leben voller Erleuchtung und dass du deine Lebensaufgabe findest und anfängst zu leben, nicht nur versuchst, den Tag zu überleben.

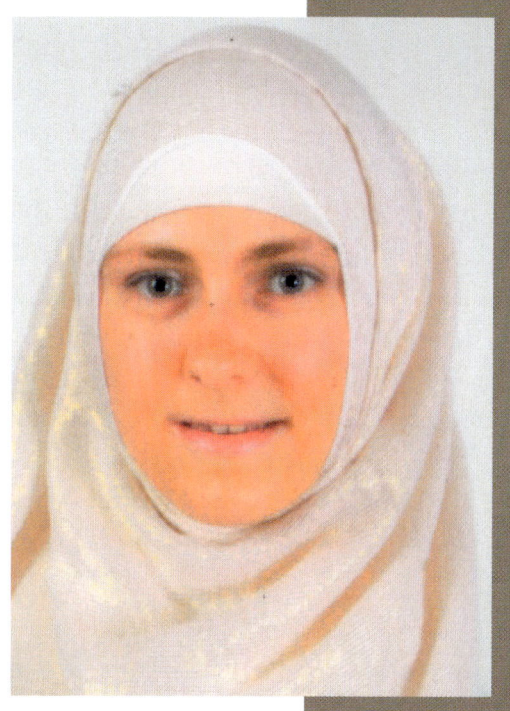

STELLE DICH
DEINEN GEFÜHLEN
UND SEI ECHT!
Julia Hanke

Jeder von uns befindet sich auf einer Reise, die von *Allah* geplant wurde. Unser Ziel ist es, zu *Allah* zurückzukehren. Auf dieser Reise werden wir immer wieder auf Prüfungen stoßen, die uns helfen, uns weiterzuentwickeln und stärker zu werden. Es ist wichtig, dass wir uns dafür entscheiden, uns von diesen Prüfungen nicht definieren zu lassen, sondern als Helden oder Heldinnen aufzutreten.

In schmerzhaften Zeiten, in denen wir vielleicht das Gefühl haben, dass unser Herz gebrochen ist, kann es schwer sein weiterzumachen. Wir fühlen uns verletzt, beschuldigen uns selbst oder andere und möchten manchmal einfach aufgeben. Doch es ist möglich, trotzdem „anwesend" zu sein, das Leben zu lieben und zu schätzen, auch wenn das Herz schwer ist.

Es kann helfen, den Schmerz zuzulassen, damit er uns schütteln und erneuern kann. Weinen kann dabei helfen, den Schmerz besser zu verarbeiten. Es ist wichtig zu erkennen, dass der Schmerz Teil unserer Reise ist und uns auf dem Weg zu uns selbst und zu *Allah* führen kann.

„Denk daran, die Heldin der Geschichte hat es nie leicht. Auf ihrem Weg zu Selbsterkenntnis, persönlichem Wachstum und einem zufriedenstellenden Ende begegnet sie einer Herausforderung nach der anderen. Mit jeder Herausforderung wird sie stärker. Mit jedem Test wächst ihr Glaube an Gott. Mit jedem Verlust gewinnt sie an Weisheit, Klarheit und

Tiefe. Damit sie am Ende ihrer Lebensgeschichte eine bessere Version ihrer selbst ist: Geschmiedet im Feuer der Höhen und Tiefen des Lebens entsteht aus ihr ein Diamant." (Zitat von Naima Robert aus dem Buch „Show Up"; aus dem Englischen übersetzt von Julia Hanke)

Die Heldin oder der Held in einer Geschichte hat es nie leicht. Auf ihrem/seinem Weg zu Selbsterkenntnis, persönlicher Stärke und Weisheit muss sie/er viele Herausforderungen überwinden. Doch am Ende ist sie/er stärker und weiser als zuvor.

Genau wie die Heldin oder der Held in einer Geschichte, müssen auch wir uns entscheiden, wie wir auf unsere Prüfungen reagieren möchten. Wir können uns dazu entscheiden, dankbar zu sein, uns *Allah* zuzuwenden, bescheiden zu sein, zu vergeben und weiterzumachen, anstatt an dem Schmerz festzuhalten und verbittert zu werden.

Also, denke daran, dass du die Wahl hast, wie du deine Lebensgeschichte erzählen möchtest. Du kannst das Etikett eines Opfers tragen oder den Mantel einer Heldin oder eines Helden. Lass dich nicht von deinen Prüfungen definieren, sondern nutze sie, um dich zu einer besseren Version deiner selbst zu machen.

ALLES ZU SEINER ZEIT

Amina

Mein Name ist Amina, ich bin 45 Jahre alt, Mutter von drei Töchtern im Alter von 11, 16 und 21 Jahren, Sozialpädagogin und wohne in Stuttgart. Irgendwie verlief mein bisheriges Leben schon immer nach eigenen Gesetzmäßigkeiten; so habe ich zum Beispiel erst mit 38 Jahren, neben Kindern und Beruf, mein Abitur gemacht und erst mit 43 Jahren mein Studium beendet.

Tja, und wenig anders verhielt es sich mit dem Glauben und mir.

Ich wuchs völlig ohne Glauben auf, sogar in einem Haushalt, in welchem man Religion eher belächelte und als Märchenerzählung verspottete. Natürlich verinnerlichte ich diese Haltung und entwickelte keinerlei Bezug zur Spiritualität oder Religion.

Allerdings konnte ich ein gewisses Interesse und eine Faszination an den verschiedenen Religionen nicht abstreiten, besonders hingezogen fühlte ich mich phasenweise immer wieder zum Islam. Besonders lange hielt mein Interesse jedoch niemals an.

Die Jahre zogen ins Land und ich spürte immer intensiver, dass mir etwas in meinem Leben fehlte, etwas, das stärker war als Hunger und Durst. Dass es sich dabei um meine Sehnsucht nach *Allah* handeln sollte, das wurde mir natürlich lange Zeit überhaupt nicht bewusst.

Ich war schon sehr, sehr erwachsen, also wirklich sehr erwachsen (so um die 40 herum), als ich meinem inneren Drängen immer mehr nachging und mich intensiver mit dem Islam zu beschäftigen begann.

So etwa um den Ramadan im Jahr 2019 herum war es dann plötzlich einfach da – wie eine Erkenntnis, wie ein Schleier, der von meinem Herzen fiel, und ich WUSSTE, wohin ich gehörte und was zu tun war. Oh, und wie ich es wusste! Ich konvertierte kurzerhand und spürte von nun an in jeder einzelnen Sekunde, dass es richtig war.

Aber Religion und ich: War da nicht etwas? Doch, doch, da war etwas, nämlich mein fehlender Zugang zur Religion. Und war diese Türe plötzlich weit geöffnet und der Durchgang problemlos zu bewältigen? Nein, war er nicht. Ich pendle noch immer hin und her – entferne mich von der Religion, werde von ihr magnetisch angezogen, fühle mal so überhaupt nichts und dann wieder überwältigend viel ...

Es kehren niemals Ruhe oder Routine ein. Aber ich habe etwas gelernt in den Jahren seit meiner Konversion, nämlich: So ist das eben bei mir.

Bei mir hat alles sein eigenes Tempo, und selten scheint es ein Drehbuch zu geben. Wer so viele Jahre ohne Religion lebt, liebt, fühlt, entscheidet und auch manchmal leidet, kann nicht von sich erwarten, dass nun plötzlich alles angerichtet ist wie auf einer Festtagstafel. Das funktioniert vermutlich einfach nicht. Vielleicht existiert zunächst einmal nur die Idee dieser Festtagstafel, obwohl lediglich der Raum dazu vorhanden ist, in welchem der Schmaus stattfinden soll. Vielleicht ist es notwendig, das Geschirr für den großen Schmaus erst zu töpfern und den großen Festtagstisch noch zu zimmern, ehe das Mahl beginnen kann. Vielleicht müssen anschließend auch all diese leckeren Speisen erst zubereitet werden, bevor uns köstlicher Duft in die Nase steigt.

Bei all den Vorbereitungen geht auch hin und wieder etwas zu Bruch oder gelingt nicht ganz so, wie man es sich vorgestellt hat und man beginnt noch einmal ganz von vorne.

Und dann wieder und wieder und wieder.

Meinem jüngeren Ich würde ich sagen wollen:

Das ist das Leben. Und es ist genau richtig so.

Dein Leben. Dein Weg. Dein Tempo.

GLOSSAR

A

Adab (arab.): gutes Verhalten

Al-Fatiha: Erste Sure des Korans

Allah (arab.): „der Gott". Im Islam Bezeichnung für den
    Einen, Einzigen und Einzigartigen Gott. Auch arabische
    Christ*innen verwenden das Wort „Allah" für Gott.

Allah (s.w.t.): Allah subhanahu wa taala (arab.):
    Er ist gepriesen und erhaben. Allah steht meist in
    Kombination mit einem Ehrspruch.

Alhamdulillah (arab.): Gelobt sei Gott.

Alhamdulillahi Rabbi'l alamin (arab.): Gelobt sei Gott,
    der Herrn des Universums.

Allāhu akbar (arab.): Gott ist groß.

Allāhu ālam (arab.): Gott weiß es besser.

Amin (arab.): So sei es. Bekräftigung, Zustimmung;
    vgl. Amen

Ar-RazzĀq (arab.): der Versorger. Einer der 99 Namen Allahs

Assalamu aleikum (arab.): Der Friede sei mit dir / euch.
    Islamische Begrüßungsform

Assalamu alaikum wa rahmatullahi wa barakatuh (arab.):
    Frieden und Segen seien mit dir / euch.

Ayat: ein Vers einer Sure des Korans

B

Bismillah (arab.): Im Namen Gottes

Bismillahir-Rahmanir-Rahim (arab.): mit dem Namen Gottes,
    des Allerbarmers, des Barmherzigen

Bukhari: Hadith-Sammlung von Muḥammad ibn Ismail
    Al-uchari.

D

Dua (arab.): persönliches (nicht rituelles) Bitt- oder Dankgebet

F

Fard (arab.): verpflichtende Taten und Gebete
Fitna (arab.): schwere Prüfung, Versuchung durch Gott
Fitra (arab.): natürliche Veranlagung
Fsmi: Friede sei mit ihm. Segensspruch nach dem Namen
    eines Propheten

H

Hadith (arab.): Überlieferung/en von Aussprüchen und
    Handlungen des Propheten Muhammad (*Fsmi*).
    Außer dem Text wird der überliefernde Prophet genannt,
    vgl. Bukhari, Sahih Muslim
Hadith Qudsi (arab.): heilige Hadithe, Hadith mit Ursprung
    in Gott; im Unterschied zu den o.g. Hadith-Sammlungen
    von Aussprüchen und Handlungen Muhammads,
    die durch verschiedene Propheten überliefert wurden
halal (arab.): rein, erlaubt. Bezeichnung für Lebensmittel,
    die den Speisevorschriften entsprechen, und für Dinge
    oder Handlungen, die zulässig und islam-konform sind.
    Gegenteil: haram (arab.): verboten, unantastbar
Hijab (arab.): Verhüllung
Hijra (arab.): Auswanderung Muhammads von Mekka
    nach Medina; im übertragenen Sinn: Auffassung, dass
    Muslim*innen in einem Land mit islamischen Werten
    leben sollen bzw. in einer nicht-islamischen Gesellschaft
    die innerliche Hidschra vollziehen sollen

I

Iman: Glaube, Überzeugung
Inschallah (arab.): So Gott will.

J

Jilbab (arab.): den Körper bedeckendes Gewand für Frauen

K

Kaaba: quaderförmiges Gebäude im Innenhof der Moschee in
    Mekka; zentrales Heiligtum des Islams

Khimar (arab.): Verhüllung, s. Hijab

Kolonya (türk.): türkisches Eau de Cologne

L

Lokum (türk.): türkische Süßigkeit

M

Maschallah: Gott hat es so gewollt.

Muadhin (arab.), Muezzin: Gebetsrufer

Muslima = Muslimin: wörtliche Übersetzung: „Frau, die sich Gott hingibt"; Bezeichnung für Anhängerin des Islams

N

Nafilah (arab.): freiwillige Taten und Gebete

Nafs (arab.): Seele. In der Sufi-Mystik ist die Seele durch verschiedenen moralisch niedere und höhere Eigenschaften gekennzeichnet; der Begriff umfasst auch Emotionen wie Hass und Habgier, die bei der Gottsuche dienen und auf dem Weg zu Allah kanalisiert werden.

R

(r.a.) radi allahu anhu (arab.): Gottes Wohlgefallen auf ihm

Rabb (arab.): Herr

Rakat (arab.): Gebetseinheit

S

Sabr (arab.): Geduld

Sahih Muslim: Hadith-Sammlung von Muslim ibn al-Haddschadsch

Schahada (arab.): islamisches Glaubensbekenntnis

Sok sagol (türk.): Vielen Dank

Subhanallah (arab.): Gepriesen sei Gott.

s.w.t. = subḥānahu wa-taʿālā (arab.): Er sei gepriesen und erhaben.

T

Tasawwuf (arab.): Charakterreinigung

U

Umma (arab.): Gemeinschaft; religiöse Gemeinschaft der
Muslim*innen
Umra (arab.): Pilgerfahrt nach Mekka
Ukhti (arab.): Schwester

Y

Yah allah (arab.): Lieber Gott

DIE HERAUSGEBERINNEN

Sabine Megharia ist Künstlerin und setzt sich
für Empowerment von Frauen ein.
Sie hat Volkswirtschaftslehre studiert.
Sabines Beitrag ist auf S. 154.

Aminah Salaho ist Mutter dreier Kinder, ausgebildete
Lehrerin, Referentin, Speakerin sowie Trainerin
für Resilienz und Konfliktmanagement und
engagiert in diversen ehrenamtlichen Projekten.
Aminahs Beitrag ist auf S. 210.

Suhila Thabti-Megharia hat Ökotrophologie studiert.
Heute koordiniert sie eine Physiotherapiepraxis und
ist freiberuflich als Gedächtnistrainerin unterwegs.
Sie engagiert sich in der Flüchtlingshilfe und der
Jugend- und Frauenarbeit.
Suhilas Beitrag ist auf S. 12.

Sara Zorlu hat Architektur und Sustainable Design studiert.
Sie arbeitet hauptberuflich als Architektin und promoviert
berufsbegleitend im Themenfeld des Nachhaltigen
Städtebaus. Sie ist Referentin und Content Creator für
Diversität, Nachhaltigkeit und Feminismus.
Saras Beitrag ist auf S. 84.

Blick hinter die Kulissen

Karoline Roscher-Lagzouli
Die Frau jenseits der Schleier
Mein Weg in den Salafismus und
wieder hinaus

192 Seiten, 14 × 22 cm
Hardcover
ISBN 978-3-8436-1356-9

Die atheistisch aufgewachsene Karoline Roscher-Lagzouli konvertierte in ihren Zwanzigern nach einer lebenslangen Faszination
zum Islam und war mehrere Jahre Teil einer konservativen
Salafi-Gemeinde. In dieser Autobiografie berichtet sie von ihrem
Leben in der Gemeinde, den Konflikten mit ihrer Familie, ihrem
»Erwachen« und der immer noch andauernden Suche nach einem
authentischen und für sie passenden Ausdruck ihres Glaubens.
Denn sie möchte als gläubige Muslimin und Feministin mitreden
in den aktuellen Debatten, statt nur zuzuhören, wenn andere über
sie reden.

PATMOS
www.verlagsgruppe-patmos.de